Susana Garcia Ferreira

Naturrituale im Rhythmus des Jahres

DIE KRAFT DER NATUR ERLEBEN

nymphenburger

Inhalt

Mai: Erblühen heißt leben

Juni: Zeige deinen inneren Reichtum

Juli: Spüre den Übergang

August: Fahre deine Ernte ein

September: Lebe die Dankbarkeit

Oktober: Das Loslassen beginnt

November: Stille und Rückzug

Dezember: Das Licht kehrt zurück

Vorwort

Die Rhythmen der Natur sind ganzheitlich. Sie ermöglichen uns, einen Turnus zu finden und zu leben, der uns ausgleicht und uns deshalb in unserer Mitte ankommen lässt. Wer einmal diese Kraft für sich entdeckt hat, möchte sie nicht mehr in seinem Leben missen.

Vorwort

Ich kann mich noch gut an den Tag erinnern, an dem ich zum ersten Mal bewusst Kontakt mit den Rhythmen der Natur hatte. Zusammen mit einer Freundin hatte ich mich zu einer Jahresausbildung zum Thema Waldheilkunde angemeldet. Ich war bis zum Abend vorher unsicher, ob ich wirklich an dem Kurs teilnehmen wollte. Das Thema interessierte mich zwar brennend, doch wollte ich wirklich mit einer Gruppe wildfremder Menschen ein ganzes Jahr lang mehrere Wochenenden im Wald draußen in der Natur verbringen? Ich gab mir einen Ruck und entschied mich dafür – zum Glück! Nicht nur lernte ich in diesem Jahr wundervolle Menschen kennen und schätzen, ich spürte endlich wieder diese Verbundenheit zur Natur, die ich seit meiner Kindheit vermisst hatte.

So entdeckte ich nicht nur den Wald, seine Heilkraft, Pflanzen und Bäume, sondern ich hörte auch zum ersten Mal von den Jahreskreisfesten. Von den verschiedenen Rhythmen der Natur. Ihren Energien, Kräften, Elementen und ihrer Symbolik. Ich entdeckte eine ganz neue Welt für mich und fühlte mich augenblicklich in ihr zu Hause. Mir wurde bewusst, dass der Kreislauf mit seinen Jahreszeiten und Monaten mich dabei unterstützt, Begebenheiten sowie Geschehnisse im Leben zu begreifen und zu erkennen. Ich verstand, dass die äußere Natur mir dabei half, meine eigene, innere Natur zu verstehen.

Das ist nun schon einige Jahre her. Rückblickend war dieses Jahr für mich ein Wendepunkt. Denn seither schenken mir die Rhythmen der Natur Halt und Struktur. Indem ich das ganze Jahr hindurch achtsam und bewusst mit ihrem Turnus mitgehe, bette ich mich selbst in ein großes Gefüge ein, das ganzheitlich ist. Über die Jahre vertiefe ich kontinuierlich mein Wissen über die Rhythmen der Natur. Ich finde Parallelen, Gemeinsamkeiten und Übereinstimmungen, auch entdecke ich kraftvolle Weisheiten, die mich nähren. Und ich empfinde eine tiefe Verbundenheit mit der Natur, dem Universum und dem Leben an und für sich.

Genau dieses Gefühl möchte ich weitergeben. Ich fühle mich durch die Rhythmen der Natur getragen. Denn alle Rhythmen im Außen sind auch in uns vorhanden. Es sind die einfachen, aber gleichzeitig auch so kraftvollen Botschaften der Natur, die mir Vertrauen, Kraft, Trost, aber auch Mut schenken. In Kombination mit den dazu passenden Ritualen und Impulsen möchte ich dir ein Werkzeug in die Hand geben, das dich nährt und dich dir selbst ein

Stück näherkommen lässt. Das Buch ist deshalb sehr praxisbezogen. Ich begleite dich ein Jahr lang durch den Jahreskreislauf der Natur, beschreibe die vorherrschenden Qualitäten und weise dich in ihre Symbolik ein. Passende Rituale, Impulse und Affirmationen ergänzen die Jahresbegleitung.
Wir vergessen es oft, doch wir sind ein Teil der Natur. Ich lade dich dazu ein, ihre Botschaften und Weisheiten zu entdecken. Und dadurch auch dich.

Von Herzen viel Freude sowie inspirierende und nährende Lesemomente.

Susana

Vorschläge, wie du mit dem Buch arbeiten kannst

- Lies jeweils zum Anfang des Monats das dazu passende Kapitel mit Ritualen und Impulsen durch. Integriere intuitiv in deinen Alltag, was dich anspricht, mit was du in Resonanz gehst.
- Pick dir aus den Monatsaffirmationen jeweils eine heraus und lass sie dich während des ganzen Monats begleiten.
- Der Kreislauf der Natur ist ewig und fließend. Du kannst dementsprechend auch jederzeit mit dem Buch starten.
- Wenn es in deinen Alltag passt, geh einen ganzen Jahreskreislauf mit. Schreib dazu in deinem Tagebuch deine Gedanken, Erlebnisse und Erkenntnisse auf. Lies es nach Abschluss des Jahres nochmals durch. Du wirst erstaunt sein, was sich in dir alles getan hat.

Die Rhythmen der Natur

Sich bewusst mit den Rhythmen der Natur zu verbinden übermittelt ein Gefühl von Verwurzelung, Kraft und Einklang. Dies, da die Natur und ihre wohltuenden Rhythmen auch in uns vorhanden sind. Je mehr wir uns mit ihnen verbinden, desto mehr verbinden wir uns mit uns selbst.

Rhythmus ist Leben

Wir sind rhythmische Wesen. Unser Herzschlag begleitet uns pulsierend ein Leben lang. Unsere Brust hebt und senkt sich durch den Wechsel des Atems. Es gibt kein Leben ohne Rhythmus, und doch scheint es, als hätten heutzutage die meisten Menschen den Zugang dazu verloren. Unsere Arbeitsweise lässt den Tag oft zur Nacht werden. Wir sind überall und immer erreichbar und missachten dadurch die rhythmische Kraft der Pausen und der Erholungszeit.

Stattdessen rennen wir von einem Event zum anderen. Ackern unser Leben wie eine To-do-Liste ab und verlieren dabei den Kontakt zu unserem Innersten. Im Winter wünschen wir uns den Frühling herbei. Und wenn der Frühling dann da ist, den Sommer. Wir missachten die grundlegenden Gesetze der Natur und ihrer Rhythmen und fragen uns dann, wieso wir uns so ausgelaugt, so müde, so ausgebrannt fühlen. Es ist symptomatisch, dass wenn wir Menschen nicht mehr in Kontakt mit den großen Rhythmen der Natur sind, wir auch unseren eigenen Rhythmus verlieren.

Was müssen wir tun, damit die Rhythmen der Natur wieder zum Leben erweckt werden? Damit wir wieder einen ganzheitlichen und wohltuenden Rhythmus finden? Ganz einfach: Wir müssen ihn fühlen. Wir können zwar die Rhythmen mit unserem Verstand, mit unserem Geist anerkennen. Wir können auch verstehen, wie heilsam sie sein könnten oder wie wohltuend. Doch damit die Rhythmen wirklich auch in uns greifen können, müssen wir sie erleben. Mit ihnen mitgehen. Sie spüren, sinnlich wahrnehmen, uns mit ihnen verbinden. Erst dann entfalten sie diese Kraft, die uns so guttut und uns innerlich festigt.

Mittlerweile ist bekannt, wie wohltuend ein Aufenthalt im Wald sein kann. Dieses Wissen lädt uns dazu ein, nach einem anstrengenden Tag den Kopf im Wald zu lüften. Der Aufenthalt im Wald wird noch wirksamer, wenn wir ihn auch sinnlich erfahren. Sei dies, indem wir seinen Duft tief einatmen oder auch einen Zapfen oder Stein auflesen und eingehend betrachten. Die tiefste Verbindungsebene erlangen wir jedoch, wenn wir unser Herz für die Natur, den Wald öffnen. Wenn wir uns als Teil von ihm anerkennen. Erst, wenn uns bewusst wird, dass wir dazugehören und die Natur nicht losgelöst von uns ist, sind wir intensiv mit ihr verbunden.

Die Rhythmen der Natur bewusst ins Leben bringen

Die Rhythmen der Natur waren schon immer da und entfalten Tag für Tag, Woche für Woche, Monat für Monat, Jahr für Jahr ihre Kraft und ihre Wirkung. Doch was sind die Rhythmen der Natur eigentlich? So, wie wir sie auf der Erde erleben, werden sie von zwei Himmelskörpern geführt: Sonne und Mond.

Die Sonne ist das Zentrum unseres Planetensystems. Ihre wärmenden Strahlen sind eine der Grundvoraussetzungen für das Leben auf unserer Erde. Ihr Himmelsverlauf gliedert den Tag sowie auch das Jahr. Sie ist unsere natürliche Uhr. Die Beobachtungen der Jahreszeiten unterstützten die Einführung des Ackerbaus, der für viele Kulturen überlebenswichtig war. Ihre Bahnpunkte (Tag- und Nachtgleichen, Sommer- und Wintersonnenwende) waren für unsere Vorfahren von großer Bedeutung, denn es half ihnen, das Jahr in Etappen zu gliedern.

Der Mond wiederum ist ein natürlicher Satellit unserer Erde. Er nimmt ungefähr ein Viertel des Erddurchmessers ein und umkreist uns im Durchschnitt in 29,5 Tagen. Sein Name ist etymologisch verwandt mit dem Wort Monat und bezieht sich auf den periodischen Umlauf um die Erde. Er ist mit der Sonne das mit Abstand hellste Objekt des Himmels. So können wir auch seine verschiedenen Phasen vom Neumond zum Vollmond und wieder zurück sehr gut und fast täglich beobachten, wenn ihn die Wolken nicht verdecken. Das letzte Abtauchen der abnehmenden Mondsichel am Morgenhimmel sowie das erste Auftauchen der zunehmenden Mondsichel am Abendhimmel markierte früher den Beginn eines Monats. Seine

Anziehungskraft wirkt wie ein Magnet und bestimmt so die Gezeiten unserer Meere.
Die Sonne und der Mond sind der Grund, warum wir überhaupt einen Tag, eine Woche, einen Monat und auch einen Jahresverlauf erleben. Sie bestimmen mit ihrem rhythmischen Turnus und ihrer Kraft unser Leben. Das alles ist uns oft nicht mehr bewusst, aber dadurch lassen wir eine wichtige Komponente außen vor. Denn wir sehen nicht, welche symbolische Kraft und welche Weisheit dieser Rhythmus uns zu übermitteln vermag – und wie diese Kraft uns über den Verstand hinaus bestärken kann.

Vielleicht lässt es sich so besser erklären: Das vorhandene Wissen über die Sonne und den Mond aktiviert unseren Verstand. Ihre Gaben und Früchte nähren unseren Körper. Und ihre Botschaften und Weisheiten stärken unsere Seele. Sie stellen ein Gefüge und eine Struktur dar, die für uns vordergründig nicht lebensnotwendig sind.
Doch sie machen das Leben reich. Sie stellen eine Art wunderbares Netz dar, das uns trägt. Nicht nur unseren Geist und Körper, sondern auch unsere Seele.
Ein Beispiel: Im Frühling stellen wir uns geistig auf mehr Sonnenstunden ein. Das Wissen darüber aktiviert unseren Geist, denn die Tage werden länger und die Temperaturen steigen. Unserem Körper wiederum tut das Licht der Sonne gut, denn so produziert er mehr vom Glückshormon Serotonin, was uns aufstellt und in gute Laune versetzt. Die Wildkräuter, die im Frühling überall aus dem Boden schießen, aktivieren unseren Kreislauf und helfen uns, aus der Winterstarre herauszukommen. Doch die wohl schönste Botschaft ist, dass, egal wie hart und dunkel der Winter war, der Frühling und sein Licht immer wieder zurückkehren.
Diese Gesetzmäßigkeit der Natur ermöglicht unserem Innersten, unserer Seele, Vertrauen und Hoffnung zu erlangen. Denn wenn wir anerkennen, dass auch wir Natur sind, so dürfen wir davon ausgehen, dass genau diese Gesetzmäßigkeiten auch in uns zu finden sind. Und genau diese Gewissheit stellt das bestärkende Netz, den wundervollen Halt dar, den die Rhythmen der Natur uns geben können.

Die zwei Hauptkräfte der Natur

Wir unterteilen die Rhythmen der Natur in zwei Kräfte: in eine aufstrebende und eine sinkende Kraft. Sie markieren Wendepunkte im Verlauf der Zeit, die für Ordnung und Balance sorgen. Auf Seite 14 siehst du eine Illustration, die diese Kräfte widerspiegelt.

Schau dir den Winter an, dort befindet sich auch die Nacht sowie der Neumond. Alle drei haben in sich die gleiche Qualität und Symbolik. Sie sind geprägt von der Dunkelheit, der Stille, dem tiefsten Punkt des Kreislaufs. Ab diesem Tiefpunkt übernehmen die aufstrebenden Kräfte das Zepter. Sie schwingen sich hinauf bis zum anderen polaren Punkt: dem Sommer, der Mittagsstunde und dem Vollmond. Weiter hinaus geht es nicht mehr. Der Höhepunkt ist erreicht. Von da an übernehmen die sinkenden Kräfte wieder die Führung und bringen alles zurück zum Ursprung.

Du siehst also, dass alle Rhythmen der Natur in eine aufstrebende, zunehmende Kraft sowie in eine sinkende, rückläufige Kraft unterteilt werden können. Sie bewegen sich wie ein Pendel im Gleichtakt hin und her und bestimmen dadurch unser Leben und unser Gefühl von Raum und Zeit. Wir Menschen tendieren dazu, uns selbst losgelöst von diesen Rhythmen zu sehen. Dabei haben wir die gleichen Kräfte in uns. Wir haben unseren Atem, der bestimmt wird vom Einatmen, der zunehmenden Energie, und dem Ausatmen, der abnehmenden Energie. Genau gleich sind diese Rhythmen in unserem Herz-Kreislauf-System integriert. Der Kreislauf unseres Herzens beginnt mit der Entspannungsphase zwischen zwei Herzschlägen. Ab diesem Punkt pumpt es Blut in unsere Gefäße (zunehmende Energie) und saugt das Blut wieder zurück (sinkende Energie). Auch der Zyklus der Frau wird durch diese Kräfte bestimmt und ich wage zu behaupten, dass auch Männer dieses rhythmische Wirken in sich haben. Leider wissen wir bisher noch wenig darüber.

Du siehst, wir alle sind in ein Geflecht eingebettet, das uns trägt und Halt gibt. Denn auch wir haben die Kräfte der Natur in uns. Sie unterstützen uns dabei, uns selbst als menschliches Wesen besser zu verstehen. Denn wenn wir verstehen, dass in uns die gleichen Kräfte sind, können wir jederzeit die äußere Natur als Spiegel unserer eigenen, inneren Natur annehmen. Alles, was rhythmisch in der Natur stattfindet, findet auch rhythmisch in uns statt, alle Kräfte, die wir in der Natur vorfinden, finden wir auch in uns vor. Die Natur ist ganzheitlich, weil sie ihre Kräfte aufeinander bezieht und er-

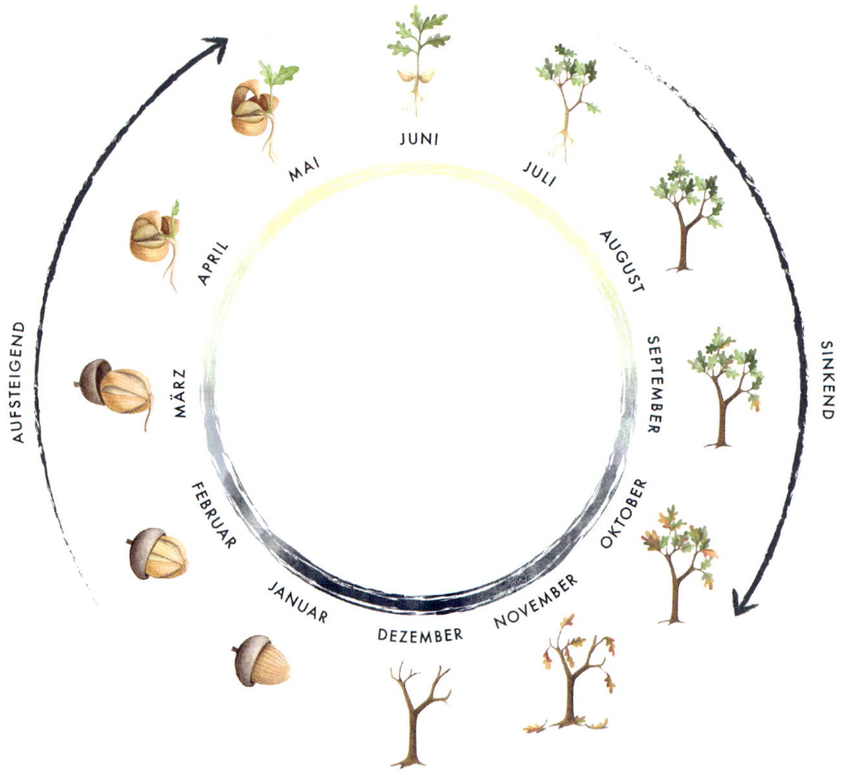

gänzt. Genauso wären auch wir ganzheitlich, wenn wir unsere Kräfte aufeinander beziehen und ergänzen würden. Was genau meine ich damit?

Es braucht die Polarität von Weiß und Schwarz, damit das Grau überhaupt ersichtlich wird. Genauso braucht es die Polaritäten in der Natur. Wir erkennen sie in Winter- und Sommersonnenwende zu Voll- und Neumond oder auch in der tiefsten Nacht und der hellsten Tageszeit um Mittag. Doch nie stehen diese Punkte für sich allein. Sie alle sind verbunden und gehen über in die rhythmischen Kräfte der aufstrebenden Energie und der abnehmenden Energie. Und genauso ist es bei uns. Der Jahreskreislauf der Natur, der Mondverlauf sowie auch der Tagesverlauf helfen uns zum einen, die Rhythmen überhaupt anzuerkennen und zu verstehen. Doch sie helfen uns auch, uns selbst zu verstehen. Denn sie symbolisieren nichts anderes als den Wiederhall des Lebens, der in uns stattfindet.

Die Natur ist ganzheitlich

Der Kreislauf der Natur spiegelt nicht nur unseren Atem und auch unseren Blutkreislauf wider, sondern auch die Weisheit von Yin und Yang.

Das Yin ist dem Yang entgegengesetzt und doch sind sie aufeinander bezogen. Sie bedingen einander, Yin kann ohne Yang nicht bestehen – genauso wie es den Herbst braucht, damit der Frühling wiederkommt. Diese Kräfte bekämpfen sich nicht, sie ergänzen sich. Sie sind wechselseitig aufeinander bezogen und stellen einen Rhythmus dar, einen ewigen Kreislauf. Yang kann nicht aufsteigen, solange sich Yin nicht zurückzieht. Genauso wie der Mond nicht zunehmen kann, wenn er nicht vorher abgenommen hat. Sie symbolisieren das Gleichgewicht der Kräfte. Seien es die Kräfte von Sonne und Mond, Ebbe und Flut, Tag und Nacht, Licht und Schatten, das weibliche sowie das männliche Prinzip. In Yin ist immer auch Yang. Genauso wie in Yang immer auch Yin ist. Auch hier sehen wir, dass der Ursprung einer jeden Kraft immer als Basis die andere Kraft braucht, die Zustände gehen ineinander über.

Ein Beispiel: Die Winter-Sonnenwende kennen wir als den Tag mit der längsten Nacht. Sprich, die Dunkelheit, die Stille, die Ruhe haben hier ihren maximalen Punkt (Yin). Und doch ist es gleichzeitig auch die Geburtsstunde des Lichts, der aufstrebenden Kräfte (Yang). Denn an diesem Tag findet der Wendepunkt statt, die Sonne kehrt zurück, die Energie ist wieder aufsteigend.

Dieses Beispiel dürfen wir auch auf uns beziehen. Auch wir brauchen für einen aktiven Tag die Ruhe der Nacht (Yin). Der Ursprung jeder Aktivität (Yang) ist immer die Ruhe. Genau wie es die Aktivität braucht, damit wir wieder in die Ruhe eintauchen können. Für ein ausgeglichenes und ganzheitliches Leben braucht es die Balance beider Kräfte.

Indem wir mit den Rhythmen der Natur mitgehen, leben wir ganzheitlich und sind dadurch in Balance. Gleichzeitig erleben wir durch die Rhythmen der Natur auch die Einbettung von uns als Individuum in ein größeres Gefüge. Wir als Menschen spiegeln die Welt, und die Welt spiegelt wiederum uns wider. Wenn wir dies erkennen, verstehen wir auch, dass jeder Ursprung in uns ist, und dass wir eine Welt leben können, die ganzheitlich, ausgeglichen und im Rhythmus ist, wenn wir es selbst sind.

Durch Rituale Verbundenheit fühlen

Das Wort Ritual stammt aus dem lateinischen Wort Ritus und ist eine in den wesentlichen Grundzügen vorgegebene Ordnung für die Durchführung von zumeist zeremoniellen oder religiösen Handlungen. Sie begleiten uns Menschen, seit es uns gibt. Wir sind uns unserer Rituale manchmal nicht bewusst: sei es der Tee oder Kaffee am Morgen, der in Ruhe genossen werden will, das abendliche Ritual des Zubettgehens, das wir mit unseren Kindern zelebrieren, das Sonntagsfrühstück, das den Tag besonders macht, der Kuchen oder das Lieblingsessen, das den Geburtstag jedes Jahr so liebevoll gestaltet. Die Aufzählung könnte unendlich weitergehen. All diese kleinen Gesten und Abläufe bereichern unser Leben und schenken Sicherheit. Denn auch wenn die Welt sich in rasendem Tempo dreht und der Wandel

immerfort da ist, so sind es genau diese Rituale, die uns Beständigkeit und Halt ermöglichen. Bis vor Kurzem erfüllten vor allem die Religionen das Eingebettetsein in eine rituelle Welt. Viele Jahrtausende alte Riten wurden durch neu entstandene Religionen übernommen und neu interpretiert. Durch die voranschreitende Abkehr der Kirchen und die Säkularisierung unserer Gesellschaft verloren wir jedoch den Zugang zu diesen wichtigen und kraftvollen Zeremonien. Es ist deshalb nicht verwunderlich, dass in unseren Breitengraden zum Beispiel die Jahreskreisfeste der Kelten vermehrt an Aufmerksamkeit und Beliebtheit gewinnen. Denn je unsicherer und unbeständiger die Welt im Außen ist, desto mehr suchen wir Halt und Sicherheit in traditionellen oder ursprünglichen Strukturen.

Gleichzeitig oder wohl gerade deshalb fand in den letzten Jahren auch eine Öffnung gegenüber einer allgemeinen Art von Spiritualität statt. Spirituell zu leben bedeutet ja nichts anderes, als zu spüren, dass es im Leben noch etwas Größeres gibt als den Menschen. Es ist ein Gefühl von Verbundenheit, das sich durch den Glauben an ein höheres Gefüge ausdrückt. Diese Verbundenheit ermöglicht, die Sehnsucht nach dem Sinn im Leben zu stillen. In den letzten Jahren oder gar Jahrzehnten ist also ein Vakuum entstanden ist, das wir neu gestalten und füllen dürfen.

Rituale greifen tief in unser geistiges und seelisches Geschehen ein, weil sie oft mit einer Absicht verbunden sind. Eine klare Absicht ermöglicht immer auch eine innere Ausrichtung. Wir öffnen uns für das Wirken, das wir uns durch ein Ritual erhoffen. Zudem ermöglichen Absichten auch immer eine Bewusstwerdung, eine Veränderung des Seins. Denn wir sind, was wir denken und fühlen. Wenn wir uns also

Gesetz der Resonanz

Das Gesetz der Resonanz besagt, dass wir das anziehen, was wir aussenden. Sprich: Gleiches zieht Gleiches an. Die Welt im Außen ist immer ein Spiegel deiner selbst. Wenn du ängstlich bist, dann erscheint dir auch die Welt im Außen gefährlich und bedrohlich. Wenn du Freude in deinem Herzen hast und diese auch ausstrahlst, so kommt die Freude wieder zurück zu dir.

bewusst für das öffnen, was wir erhoffen oder wünschen – und es durch ein Ritual kraftvoll manifestieren –, kehren wir das Gesetz der Resonanz um: Wir denken und fühlen, was wir werden wollen. Wir stehen mitten im Geschehen und definieren durch die bewusste Aktivierung des JETZT gleichzeitig die Zukunft. Ein Ritual ist deshalb immer kraftvoll. Und je bewusster und klarer wir es durchführen, desto stärker die Handlungskraft. Weise Männer und Frauen, egal ob Schamane, Druide, Pfarrer, Hebamme oder Heilkundiger, wussten dies schon immer für sich zu nutzen.

Viele haben in sich eine tief verborgene Sehnsucht, Verbundenheit zu fühlen. Gerade deshalb sind Rituale in der Natur so wertvoll. Denn sie helfen uns, Selbstermächtigung zu leben. Gleichzeitig ermöglichen sie uns, schwere Themen oder auch die Ohnmacht und Hilflosigkeit des Menschseins durch eine Handlung zu transformieren. Und dies alles eingebettet in der heilsamen Atmosphäre der Natur. Wenn wir zum Beispiel eine Trennung erlebt haben und uns dies auf der emotionalen Ebene Mühe bereitet, hilft es uns, die Beziehung durch ein Ritual achtsam und bewusst loszulassen: selbst und innerlich darauf ausgerichtet.

Wenn dieses Ritual im Herbst, zum abnehmenden Mond oder bei Sonnenuntergang durchgeführt wird, erfährt das Ritual die zusätzliche Unterstützung durch die jeweilige Qualität in der Natur. Denn auch sie lässt in dem Moment los, und so fühlen wir uns mit ihr verbunden und gleichzeitig tröstlich von ihr getragen. Selbstverständlich müssen Rituale nicht zwingend in der jeweilig passenden Qualität in der Natur durchgeführt werden. Doch bereits das Bewusstsein, dass jedes Lebensthema auch in der Natur gefunden werden kann, schenkt uns Verbundenheit und Kraft.

Oft beobachte ich, dass zuerst eine gewisse Skepsis einem Ritual gegenüber vorherrscht. Das ist nachvollziehbar, denn wir haben eine Jahrhunderte alte Konditionierung, mehr unserem Verstand als unserer Intuition zu vertrauen. Und doch fühlen wir, wie kraftvoll, wohltuend und ermöglichend Rituale sein können. Und wie unglaublich nährend es ist, wenn wir diese Art von Verbundenheit fühlen.

Rituale …

- machen eine Absicht oder eine erwünschte Handlung sichtbar und erlebbar.
- rühren uralte Muster an und aktivieren Kraftquellen, die in uns vorhanden sind.
- ermöglichen Heilung auf der seelischen Ebene.
- erschaffen Atmosphäre und richten Energien aus.
- helfen, Ordnung und Klarheit zu finden.
- ermöglichen, Halt und Struktur zu fühlen.
- haben einen starken Symbolcharakter.
- schenken Verbundenheit.

Tipps für ein gelungenes Ritual

- Setz dich im Vorfeld mit dem Zweck deines Rituals auseinander. Was ist deine Absicht? Je klarer der Willensausdruck, desto kraftvoller ist auch das Ritual.
- Rituale wirken über den Verstand hinaus, die eigene Intuition ist deshalb immer wegweisend. Ein Ritual sollte deshalb erst dann durchgeführt werden, wenn man soweit ist. Der Kopf hat hier kein Mitspracherecht, nur das Herz weiß, wann es soweit ist.
- Rituale sollten nie unter Zeitdruck durchgeführt werden. Versuche den Alltag zu vergessen und lass dich ganz auf das Hier und Jetzt ein. Langsame Bewegungen, ein Innehalten sowie ein achtsames In-sich-Hineinhören helfen dabei.
- Rituale brauchen Zeit und Raum. Ihre Wirkung zeigt sich manchmal sofort und manchmal erst später. Durch die rhythmische Wiederholung gewinnt es an Kraft.
- Ein Ritual gewinnt enorm an Kraft, wenn es mit der Unterstützung von wohlwollenden Menschen durchgeführt wird.
- Schenke dir viel Ruhe und Stille nach dem Ritual. Rituale lösen immer etwas aus. Es arbeitet in dir. Gib deinem Körper, deiner Seele und deinem Geist den nötigen Raum, damit Erkenntnisse sich festigen können. Viel Wasser trinken wirkt unterstützend.
- Sprich erst ein paar Tage später über deine Erfahrungen. Lass auch hier zu, dass sich das Erlebte zuerst setzen darf.

Januar: Finde deine innere Ausrichtung

Im Januar befinden wir uns noch mitten im Winter, und doch hat eine wesentliche Umstellung stattgefunden. Seit der Wintersonnenwende im Dezember werden die Tage wieder länger. Lies die folgenden Attribute achtsam durch und lass sie in dir wirken. Sie stehen für die Qualitäten des Januars: *Stille, Ruhe, Fundament, Innere Ausrichtung, Vision, Keim, Neubeginn, Zuversicht.*

Dein Fundament legen

DAS INNERE FEUER NÄHREN

Die Natur schläft. Alles ist ruhig. Kleine Seen und Teiche sind gefroren. Wege und Wiesen sind eisverkrustet vom Frost. Gehen wir im Wald spazieren, hören wir kaum Geräusche. Es ist eine Ruhe, die ankommen lässt. Unzählige Nüsse, Samen und Wurzeln liegen wohlbehütet tief in der Erde. Diese Langsamkeit ist wertvoll, denn sie ermöglicht eine bewusste, innere Ausrichtung. Die Natur weiß, dass sie den Winter über ihre Energie zu 100 Prozent nach innen zu richten hat. Das ist ihr Fundament, ihr sicherer Boden. Wenn sie nicht ihre Wurzeln stärkt, wenn sie nicht wohlbehütet ihre Samen, Nüsse und Zwiebeln beschützt und pflegt, brechen sie zu früh auf und haben dann nicht die Kraft, die sie brauchen, um die Stürme im Außen zu nehmen. Uns geht es da nicht anders. Statt das Jahr langsam anzugehen, stürmen wir jedoch gleich los. Machen uns voller Eifer an die Umsetzung unserer Pläne, Ziele und Vorhaben und vergessen dabei das Wichtigste überhaupt: unser Fundament.

Unser Fundament ist die eigene innere Ausrichtung. Erst wenn wir diese klar und bestimmt gesetzt haben, können wir die Herausforderungen, aber auch die wunderbaren Chancen packen, die uns das Leben schenkt. Doch wenn wir gleich losstürzen und kopflos sowie unachtsam das Jahr starten, wird es schwierig mit der inneren Ausrichtung. Die Natur übermittelt uns mit ihrer Symbolik nichts anderes, als dass wir uns auf das konzentrieren, was noch nicht sichtbar ist. Das, was noch in unserem Innersten ist: unsere Innenwelt. Sie will, dass auch wir diese nähren. Damit unsere Samen zuerst Wurzeln schlagen können, bevor sie hoch hinauswachsen.

Der Winter ist die dunkelste Zeit des Jahres. Auch wir brauchen diese dunkle Zeit, damit unser Körper, Geist und auch unsere Seele zur Ruhe kommen können. Das ist in unserer Welt nicht immer einfach. Erst in der Stille entdecken wir das eigene innere Feuer. Dieses innere Feuer nährt uns das ganze Leben, wenn wir achtsam damit umgehen. Es gibt Menschen, bei denen das innere Feuer erloschen zu sein scheint. Sie haben ihre Sinnhaftigkeit verloren, da sie konstant von außen getrieben sind. Sie haben vergessen, wer sie sind und was sie eigentlich ausmacht.

Wir können unser inneres Feuer wieder zum Leuchten bringen. Bedingung dafür ist, dass wir Kontakt mit unserer Innenwelt aufnehmen und diese Beziehung pflegen. Es ist schluss-

endlich nichts anderes als die Beziehung zu sich selbst. Und der Ursprung, der erste wichtige Impuls dazu kann am ehesten im Winter geschehen. Denn der Winter steht symbolisch für die Nacht sowie die Neumondzeit. Also die Qualität in der Natur, die für die Ruhe, Stille und den Neuanfang steht. In dieser stillen Übergangszeit wird unser Innerstes erkennbar. Wir sind nicht abgelenkt. Und so haben wir die Möglichkeit, unser inneres Feuer zu erkennen, das gleichzeitig auch für die innere Ausrichtung steht. Denn das Feuer ist nichts anderes als das, was unser Herz nährt, das, wofür wir brennen, das, was uns ausmacht. Unser Leben will gelebt werden und es lebt sich am schönsten, wenn wir unser Feuer leuchten lassen. Wenn wir uns bewusst sind, was uns zum Leuchten bringt, kennen wir auch unsere Ausrichtung und wissen, welche Wege und Entscheidungen zu fällen sind. Doch wenn wir uns die wertvolle Zeit des Januars nicht zu eigen machen und unsere wichtigen Pfeiler setzen, kann es passieren, dass wir von außen gelebt werden und uns im Dickicht des Alltags verlieren. Wir verlieren uns, weil unser Feuer uns nicht den Weg zeigen kann.

Schau dir eine Eichel einmal genauer an. Auch wenn sie noch klein und verschlossen ist, so ist in ihrem Innersten die Vision und die schöpferische Kraft einer starken, großen und allumfassenden Eiche. Auch wir Menschen haben diese Vision und schöpferische Kraft in uns. Wir müssen deshalb nicht gleich überaktiv werden und uns sofort an die Umsetzung machen. Denn der erste wichtige Schritt ist der Keim, der Samen, den wir in uns setzen. Dieser Keim darf noch ruhen. Doch der Zeitpunkt wird bald kommen, an dem der Keim zu wachsen beginnt, er die ersten Grenzen sprengen wird, Wurzeln schlägt.

Oft erwarten wir schnelle und sichtbare Resultate. Doch wichtige Schritte geschehen still und leise. Es sind die Schritte, die in uns einen Hebel in Gang setzen. Einen Hebel, der freisetzt. Und genau dazu ist der Januar da. Genau

dazu sind die ersten Wochen des Jahres da: um achtsam, aber auch machtvoll die innere Ausrichtung zu manifestieren. Damit wir dann mit der aufstrebenden Kraft der Natur voranschreiten dürfen. Schenk dir den Januar als Monat des ersten Grundsteins. Eines soliden, ehrlichen und tragenden Grundsteins, der deine Pfeiler markiert. Du hast einen Großteil des Jahres Zeit, dein Leben voranzutreiben, zu verwirklichen, zu ernten. Nun geht es einfach darum, dass du zulässt. Dass du dich öffnest. Für dein inneres Feuer. Für das neue Jahr. Für die Verheißung eines Keimlings, der sich schon bald offenbaren wird. Schon bald dürfen wir mit der unaufhaltsamen Energie der Natur mitgehen. Schon bald wird der Frühling kommen und uns alle wachrütteln.

Doch halte die Wochen des Januars und auch noch die ersten Wochen im Februar immer wieder inne. Genieße die Stille. Tauche immer wieder ab. Entdecke deine Innenwelt. Lebe im Jetzt. Du aktivierst dadurch dein Feuer und richtest dich machtvoll auf und auch aus.

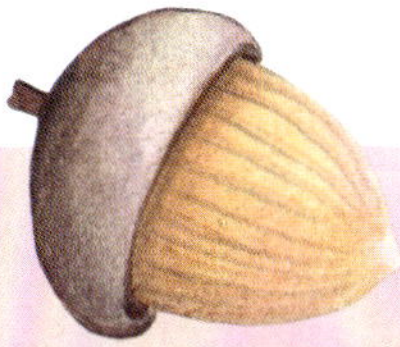

Die geschlossene Eichel steht symbolisch für den Monat Januar. Schon bald wird sie aufbrechen, doch noch darf sie ruhen.

Ritual: Verbinde dich mit der Stille in der Natur

UTENSILIEN

WAS ES BRAUCHT:

- Kerze
- Feuerzeug
- Schreibzeug

In diesem Ritual geht es darum, dass du dich mit der stillen Qualität des Januars verbindest. Im Januar ist in der Natur noch nicht ersichtlich, was im Verlauf des Jahres hervorkommen darf. Wir wissen, dass unzählige Samen, Knospen und Keimlinge auf den richtigen Moment warten, um zu wachsen und zu erblühen. Und obwohl wir nichts sehen, obwohl die Natur noch leblos zu sein scheint, haben wir das Vertrauen, dass die Pflanzenwelt wieder grünt und Blüten treibt.

- Nimm dir im Verlauf des Januars ein- bis zweimal Zeit nur für dich.
- Geh im Wald oder auf Feldern und Wiesen spazieren. Wähle einen für dich stimmigen Ort. Das muss nicht weit weg von deinem Zuhause sein. Hauptsache du spürst die Natur und kannst dich mit ihr und ihrer Qualität verbinden.
- Damit du achtsam die Energie der Natur in dir aufnehmen kannst, hilft es, imaginär eine Schwelle zu markieren. Schau dir deinen Weg an. Vielleicht siehst du einen großen Baum oder einen markanten Busch? Stell dir vor, dieser Baum oder dieser Busch ist dein Tor in eine andere Welt. Eine Welt, in der der Alltag keinen Zugang hat. Gedanken des Hamsterrads, des Alltags, Besorgungen etc. bleiben draußen. Du lässt sie am Eingang stehen und gehst achtsam durch dieses Tor. Stell dir vor, du betrittst eine Welt, die du vorher noch nie gesehen hast. Wie ein Kind, das zum ersten Mal den Wald oder die Natur sieht. Alles ist voller Wunder. Alles ist schön. Jedes Muster eines verwelkten Blatts, jeden Baumstamm, jeden Stein siehst du mit neuen Augen an. Nimm die Farben, Formen, Gerüche und Eindrücke wahr. Öffne deine Sinne. Wenn Gedanken aus dem Alltag hervorkommen, dann lass sie vorbeiziehen.
- Versuche, die Umgebung mit neugierigen und liebevollen Augen zu betrachten. Setz

dich hin. Sei still. Lass dich nicht ablenken von anderen Menschen, sondern kehre immer wieder zurück zum Hier und Jetzt. Beobachte. Nimm wahr.

- Die Natur scheint stillzustehen. Sie ruht. Und doch ist überall Leben. Alles steht bereit für den Frühling. Verbinde dich mit dieser Botschaft. Versuche, sie tief in deinem Herzen aufzunehmen. Versuche zu verinnerlichen, dass es in Ordnung ist, wenn nicht alles klar und ersichtlich ist. Dass es diese Zeit braucht. Dass wir Vertrauen haben dürfen. Vertrauen darin, dass alles neu auferstehen wird. Doch noch dürfen wir in der Stille und Ruhe des Winters verweilen.
- Wenn du soweit bist, geh wieder durch die gleiche Schwelle zurück. Bedanke dich beim Wald und der Natur für diesen achtsamen Spaziergang. Nimm die Stille mit nach Hause. Versuche auch jetzt noch, dein Handy beiseite zu lassen. Bleib in deiner Achtsamkeit.
- Wenn du zu Hause bist, nimm eine Kerze hervor. Falls du das Ritual des Dezembers schon durchgeführt hast, nimm genau diese Kerze hervor, die du dort angezündet hast. Zünde die Kerze nun achtsam an. Verweile und schau dir ihre kleine Flamme an.
- Die Flamme steht für das Licht der Sonne, das nun von Tag zu Tag immer stärker wird und alles zum Leben erweckt. Es schenkt dir Klarheit und dadurch auch Sichtbarkeit. Auch in der Natur wird erst im Verlauf des März sichtbar, was tief im Innersten der Erde schlummerte. Genauso ist es mit uns Menschen. Wir dürfen uns Zeit nehmen. Wir müssen nicht immer gleich auf alle Fragen eine Antwort haben. Wir dürfen auch mal nur ahnen, fühlen, uns herantasten.
- Die Kerze soll dich auch in den kommenden Wochen zu Hause begleiten. Erfreu dich an ihrem Licht. Öffne dich langsam – für alles, was kommen darf.
- Zünde sie immer dann an, wenn dich die Hektik des Alltags einzunehmen droht. Schenke dir ein paar Augenblicke Achtsamkeit. Schließ die Augen. Denk an die Natur, stell dir ihre Energie vor und nimm sie in dich auf.

Affirmationen

Ich lade die Stille und Langsamkeit in mein Leben ein.

In der Stille wird die Seele sichtbar.

Jetzt. Ich bin im Jetzt.

Februar: Der Weckruf der Natur

Im Februar findet langsam, aber sicher ein Aufbruch statt. Die aufstrebenden Kräfte in der Natur gewinnen immer mehr an Kraft und kommen hervor. Lies die folgenden Attribute achtsam durch und lass sie in dir wirken. Sie stehen für die Qualitäten des Februars: *Aufbruch, neue Wege, Licht, Klarheit, Verborgenes wird sichtbar, Reinigung.*

Sich vertrauensvoll auf den Weg machen

LANGSAM AUS SICH HINAUSWACHSEN

Der Winter nähert sich dem Ende. Die große Zeit der Stille, der inneren Einkehr und Ausrichtung findet langsam ihren Abschluss. Nicht von heute auf morgen, doch wir spüren, wie die Energien im Wandel sind. Die Dunkelheit weicht langsam, aber sicher zurück. Die Tage gewinnen an Kraft. Dieser Prozess dauert bis zur Frühlings-Tag-und-Nacht-Gleiche an. Zu diesem Zeitpunkt ist der Tag genau gleich lang wie die Nacht. Bis dahin wird von Tag zu Tag die Sonnenkraft immer stärker. Sie erweckt alles Leben, das tief verborgen in der Erde ruht. Wir meinen oft, dass erst im Frühling die Natur zu Leben erwacht. Nur was sichtbar ist, nehmen wir wahr. Dabei vergessen wir den wichtigen und wertvollen Prozess des Aufbruchs. Und dieser Aufbruch geschieht nie im Außen. Er findet tief verborgen im Inneren statt. Ein Samenkorn, ein Keim, eine Eichel muss zuerst ihre schützende Schale aufbrechen. Erst wenn sie ihre eigenen Wände durchbrochen hat, kann sie aus sich herauswachsen. Ihr Weckruf ist die Sonne, das Licht, die Wärme. Das, was sie nährt.

Genauso verhält es sich mit uns. Es ist unser inneres Feuer, dass uns die Kraft schenkt, Hürden zu durchbrechen. Erst wenn wir innerlich für etwas brennen, erleben wir die Grenzen sprengende Energie, die uns aus uns herauswachsen lässt. Deshalb ist es auch so wichtig, dass wir immer wieder unser Herz nähren. Das tun, was uns guttut. Damit unser Feuer nicht erlischt.

Die schützende Schale, die wir überall in der Natur wiederfinden, hat ihre Berechtigung. Denn sie bietet *Schutz*. Die Natur lässt sich so lange Zeit, wie sie braucht, nicht mehr und nicht weniger. Und wenn sie ihren Weckruf hört, wenn sie die Sonnenkraft spürt, sprengt sie ihr liebgewonnenes Zuhause. Sie tut dies bewusst und willentlich, denn sonst kann kein Wachstum entstehen. Und die Natur will wachsen. Sie will sich entfalten und gedeihen. Der Februar ist deshalb der Monat des Aufbruchs. Er ist ein Monat, der für die pure Willenskraft steht. Denn das Samenkorn kennt sein Ziel noch nicht. Es wächst voller Vertrauen durch die Dunkelheit der Erde hindurch. Es nähert sich Tag für Tag immer mehr der Sonne, gräbt sich durch, schlägt Wurzeln und wächst gleichzeitig empor. Es kann lange dauern, bis

der Durchbruch erreicht ist. Bis der Moment da ist, wo es die verkrustete Erde durchbrochen hat und endlich sichtbar wird. Deshalb dürfen auch wir uns immer Zeit und Geduld schenken. Denn erst, was Wurzeln fassen konnte, gewinnt an Kraft und kann wachsen. Die ersten Pflanzen des Februars sind mutige Vorläufer des nahenden Frühlings. Sie strotzen nur so vor Kraft und Energie. Sie lassen sich nicht abbringen und gehen mutig voran. Es ist spannend zu erkennen, dass die Natur uns immer wohlgesonnen ist. Zu jeder Jahreszeit beschenkt sie uns mit dem, was wir gerade am dringendsten brauchen.

ALLE ÜBERGÄNGE IN DER NATUR SIND FLIESSEND

So übermitteln uns diese vor Kraft strotzenden Pflanzen als Wild- und Heilkräuter sehr viel vitamin- und nährstoffreiche Nahrung. Diese Energie weckt uns aus unserer Winterstarre. Auch wir dürfen unsere Schale durchbrechen. Unseren Organismus beleben, erwecken und vorantreiben. Wie wunderbar, wenn wir dies auch mit der Unterstützung der Natur umsetzen können.

Der Februar wirkt mit seiner ursprünglichen Kraft erneuernd. Was tief verborgen im Innern war, darf nun langsam nach außen treten. Dieser Prozess bringt auch immer eine Art Reinigung mit sich. Denn es braucht diese Läuterung, um Neues wachsen zu lassen. Es ist deshalb auch eine wunderbare und wertvolle Zeit, um sich selbst sowie auch das eigene Zuhause von innen nach außen zu reinigen. Nicht umsonst werden viele Fastenkuren, aber auch der Frühlingsputz im Februar durchgeführt. Doch auch hier mahnt uns die Natur, nicht schon zu stark in der Umsetzung zu sein. Wir befinden uns noch immer im Winter. In der Zeit des Jahres, wo vieles im Unbewussten wirkt und vor allem auch wirken soll. Es braucht Vertrauen und Hingabe, sich diesem Jahresrhythmus hinzugeben und mit ihm mitzugehen. Denn obwohl wir die aufstrebenden Kräfte der Natur spüren, dürfen wir noch immer den Hauptfokus auf unser Innerstes legen. Die Dunkelheit hat noch immer die Oberhand. Noch hat die Sonne das Zepter nicht übernommen. Wir dürfen uns mit unserer Intuition verbinden: erahnen, lauschen, fühlen. Wir dürfen uns innerlich öffnen, Raum schaffen, damit das Neue Wurzeln schlagen kann und an Kraft gewinnt.

Das Wort Reinigen wird oft mit dem Loslassprozess verbunden. Doch diese Qualität der Reinigung hat das Reine, das Pure in sich. Der Februar will genau das greifbar machen. Er will als Übergangsmonat sachte und liebevoll den Aufbruch und das Wachstum unterstützen. Denn müssten wir uns schon jetzt der überbordenden Kraft des März und Aprils gegenüberstellen, würde diese Kraft alles im Keim ersticken. Es braucht diesen Übergang des Februars von der Stille des Januars zur Kraft des Frühlings. Alle Übergänge in der Natur sind fließend. So dürfen auch wir uns voller Vertrauen diesem Fluss des Werdens hingeben und uns öffnen. Ohne Eile. Ohne Druck. Doch innerlich machtvoll ausgerichtet und im Bewusstsein, dass unser eigenes Feuer genährt ist und sich schon bald mit den Frühlingskräften vereinen darf.

Der Februar begleitet uns als Übergangsmonat sachte und weise. Er schenkt uns Durchbruchskraft und lässt uns trotzdem noch in der Tiefe der Erde ruhen.

Ritual: Genieße die reinigende Kraft des Wassers

UTENSILIEN

WAS ES BRAUCHT:

- warme Socken
- Thermoskanne mit warmem Getränk
- kleines Badetuch
- Alternativ: Meersalz

Das Element Wasser hat eine tief reinigende Kraft. Nicht nur auf der körperlichen Ebene. Wir fühlen uns nicht umsonst nach einem Bad oder einer Dusche wie von innen gereinigt. In unserem Ritual machen wir uns diese Wirkung zunutze und öffnen uns dadurch für die aufkommenden Kräfte des Frühlings.

- Wähle ein Gewässer in deiner Umgebung aus. Das kann ein Bach, ein Fluss, ein See oder das Meer sein. Nimm warme Socken, eine Thermoskanne mit einem warmen Getränk sowie ein kleines Badetuch mit.
- Mach es dir gemütlich und setz dich ans Wasser. Schau dem Spiel zu, wenn es fließt. Verbinde dich mit der Energie des Elements, atme bewusst ein und aus.
- Wenn du soweit bist, zieh deine Schuhe und Socken aus. Zieh auch deine Hosen, soweit es geht, nach oben und begib dich vorsichtig und achtsam ins Wasser. Vielleicht wirst du zuerst schockiert sein ob der Kälte. Nimm dir Zeit und geh auch wieder aus dem Wasser heraus. Tunke deine Füße immer wieder ein und stell dir vor, wie das Wasser alles reinigt.
- Die Füße sind das Fundament unseres Körpers. Unser Körper steckt sozusagen in unseren Füßen. Wenn wir unsere Füße achtsam waschen, waschen wir uns selbst.
- Achte darauf, dass es dir nicht zu kalt wird, und wenn du den Eindruck hast, es ist genug, trockne deine Füße gut ab und zieh warme Socken an.
- Setz dich irgendwo hin und spüre in dich hinein. Fühlst du dich nun belebt, aktiviert, gereinigt? Hör gut in dich hinein. Was braucht es noch? Bewegung? Ruhe? Stille? Nimm dir das, was du brauchst.
- Stell dir vor, wie du durch die Waschung deiner Füße dich selbst von innen her reinigst. Du öffnest dich langsam für die aufkommenden Kräfte des Frühlings.

• **Alternative:**
Du kannst das Ritual auch bei dir zu Hause durchführen. Ein Salz-Fußbad zum Beispiel kann sehr reinigend wirken. Löse eine halbe Tasse Meersalz in 5 l warmem Wasser auf und wasche achtsam und bewusst deine Füße.

Ritual: Mach mal Frühlingsputz

UTENSILIEN

WAS ES BRAUCHT:

- Räuchermischung
- Räucherkohle
- Sand
- feuerfeste Schale oder ein Räucherbündel
- verschiedene Besen, Wedel

Eine andere Variante, wie du Raum für die aufkommenden Kräfte des Frühlings schaffen kannst, ist, dein Zuhause zu reinigen.

- Beginne mit der Räucherung im untersten Stockwerk, falls du auf mehreren Stockwerken wohnst, arbeite dich langsam nach oben. Räuchere alle Ecken, alle Räume deines Zuhauses achtsam aus. Verlass dich ganz auf dein Gefühl und verweile jeweils so lange, bis du den Eindruck hast, es ist gut.
- Falls du das Ritual mit deinen Liebsten durchführst, können sie, sobald du in den Räumen mit der Räucherung durch bist, symbolisch mit den Besen und Wedeln die Winterstarre hinauswischen. Die Frische und Vitalität des Frühlings soll Einzug halten. Falls du es alleine durchführst, räucherst du zuerst dein Zuhause ab und kehrst danach symbolisch alles mit dem Besen aus den Fenstern, den Türen hinaus.
- Kehr alles hinaus, lass frische und belebende Energie rein.
- Spüre, wie dein Zuhause sich wie neu anfühlt. Wenn du magst, kannst du die Räume mit ein paar frischen Zweigen oder Blumen schmücken.
- Räucherstoffe, die gut zu diesem Ritual passen: Salbei, Lavendel, Rosmarin, Thymian, Weihrauch, Wacholder, Fichten- oder Kiefernharz

Affirmationen

Ich bin bereit für den Aufbruch.

Langsam öffne ich mich für die Kräfte des Frühlings.

Wie im Innen, so im Außen.

März: Verborgenes darf hervorkommen

Im März findet die Frühlings-Tag-und-Nacht-Gleiche statt. Die aufstrebenden Kräfte haben die Führung übernommen, die Tage sind länger als die Nächte. Lies die folgenden Attribute achtsam durch und lass sie in dir wirken. Sie stehen für die Qualitäten des März: *Schwellenübergang, Mut, Aufbruch, Willenskraft, Neugierde, Zuversicht.*

Mutig den eigenen Weg gehen

DIE NATUR GEHT MIT GUTEM BEISPIEL VORAN

Ein Wechsel findet statt. Langsam, aber sicher gehen wir über von der Energie des Winters zur Energie des Frühlings. Wir sehen und spüren es schon lange und spätestens zur Frühlings-Tag-und-Nacht-Gleiche um den 20./21. März wird es zur Gewissheit: Der Frühling ist da, die Tage sind von diesem Moment an länger als die Nächte.

Symbolisch hat diese Phase im Jahreskreislauf eine sehr spannende Bedeutung. Schau dir einmal die Illustration «Die Kreisläufe der Natur» sowie die Erklärung auf S. 42 dazu im Kasten an. Für uns offenbart sich jedes Jahr aufs Neue eine Art Wunder. Die Natur erwacht zum Leben. Überall sprießen Wildkräuter hervor. Birke, Weide, Hasel, Zaubernuss und Obstbäume zeigen ihre Knospen oder beginnen zu blühen. Wälder erhalten ihre ersten grünen Farbtupfer – das Braun der Äste wird durch die leuchtend grünen frischen Blätter ergänzt.

Auch wir dürfen nun unsere eigenen aufstrebenden Kräfte erwecken. Wir sollten dies sogar tun: indem wir uns von der Trägheit des Winters befreien, indem wir aktiv nach draußen gehen und uns mit der Natur, ihrer Energie verbinden. Nicht umsonst ist jetzt auch die Zeit, unseren Stoffwechsel mit den Kraftpaketen aus der Natur zu beleben: Löwenzahn, Giersch, Gänseblümchen, Brennnessel und andere Wildkräuter.

Doch nicht nur unser Körper möchte aktiviert werden, auch unsere Seele und unser Geist sehnen sich danach. Es ist eine Zeit des puren Aufbruchs, der Neugierde, der Inspiration und Innovation.

Es gibt noch eine weitere Botschaft, die uns der März übermittelt. Die Natur im März geht ihren Weg. Was im Winter über tief in der Erde ruhte und ganz langsam, Tag für Tag, erwachte, kommt durch die Energie des Februars und im März an die Oberfläche. Alles sprießt, wächst, fließt und treibt. Die Energie der Natur ist unaufhaltsam. Sie überlegt sich nicht, ob sie nun diesen oder den anderen Weg einschlagen soll. Sie geht einfach.

Der Übergang vom Winter zum Frühling steht sinnbildlich für alle unbetretenen Pfade. Kein Weg ist vorgelegt. Kein Keimling erwartet einen vorbereiteten Tunnel, um an die Erdoberfläche zu gelangen. Jede Pflanze, jedes Samenkorn bahnt sich seinen eigenen Weg. Es würde der Natur nie in den Sinn kommen, den Weg nicht zu gehen,nur weil er neu ist und viel-

leicht deshalb auch beschwerlich. Sie geht ihn. Unaufhaltsam.

Schließe für einen Augenblick die Augen. Stell dir einen Waldboden vor. Blicke tief in das Wurzelreich hinein und visualisiere, wie alles tief in der Erde zu wachsen beginnt. Wie es sich langsam bewegt. Die eigene Schale sprengt. Grenzen sprengt. Immer wieder. Vielleicht an eine Barriere stößt und dann einen neuen Weg sucht. Unaufhaltsam. Unnachgiebig. Nur dem einen Ziel gewidmet: hervorzukommen und das Licht der Sonne zu erspüren. Ja, es braucht Zeit, damit Neues entstehen kann. Damit etwas schlussendlich das Licht der Welt erblicken kann. Dafür ist der Winter da. Damit sich alles in Ruhe entwickeln kann. Doch es braucht auch den Mut, die Kraft und den Willen des Frühlings, damit die innersten Wünsche und Absichten hervorsprießen können. Und sind wir ehrlich: Wir wissen eigentlich, wann der Zeitpunkt da ist. Uns fehlt oft nur der Mut, diesen ersten Schritt zu wagen.

Und genau diesen Mut schenkt uns der März mit seiner belebenden, aufrüttelnden und aufstrebenden Kraft.

Die folgenden Rituale sollen dir helfen, diese eigene Kraft in dir zu entdecken. Denk daran, alle Energien, die wir in der Natur vorfinden, sind auch in uns vorhanden.

Im März durchbricht die Eichel vollends ihre Schale. Sie sprießt und verzweigt sich in das Wurzelreich hinein. Mutig wächst sie empor.

JUNI
JULI
AUGUST
SEPTEMBER
OKTOBER
NOVEMBER
DEZEMBER
JANUAR
FEBRUAR
MÄRZ
APRIL
MAI

Das Gleichgewicht der Kräfte

Im Moment befinden wir uns genau in der Mitte zweier sehr starker Pole: der Winter-Sonnenwende im Dezember und der Sommer-Sonnenwende im Juni. Die beiden Wenden markieren Höhepunkte: die längste Nacht (20./21.12.) sowie den längsten Tag (20./21.6).

Im März, zur Frühlings-Tag-und-Nacht-Gleiche, überschreiten wir einen Schwellenübergang. Denn an diesem Tag sind die Nächte genau gleich lang wie der Tag – sprich: Von diesem Moment an gewinnt das Licht, der Tag, vollends an Kraft und tritt über in einen neuen Abschnitt. Einen Abschnitt, wo die aufstrebenden Kräfte in der Natur (und somit auch in uns) die Führung übernehmen.

Der helle Teil des Lichtschweifs in der Mitte des Kreislaufs steht genau für diese Energien. Für die Energien der Sonne, auch bekannt als Yang-Energie oder männliches Prinzip. Es ist eine Energie, die aktiv, feurig, belebend, schnell und einnehmend ist. Sie wird zur Winter-Sonnenwende aktiviert, gewinnt Woche für Woche an Kraft, übernimmt die Führung zur Frühlings-Tag-und-Nacht-Gleiche und findet ihren Höhepunkt zur Sommer-Sonnenwende. Die abnehmenden Energien im Gegenzug stehen für den Mond, die Yin-Energie und das weibliche Prinzip. Sie werden mit folgenden Attributen belegt: Stille, Ruhe, Wasser, Erdung, Wurzelkraft, Annahme. Sie sind vergleichbar mit unserer inneren Höhle, wo alles zur Ruhe kommen kann und wo der Nährboden für diese stabilisierenden Energien gelegt wird. Sie werden zur Sommer-Sonnenwende erweckt, gewinnen an Kraft über den Herbst und finden ihren Höhepunkt zur Winter-Sonnenwende.

So gesehen, sind immer beide Kräfte im Wechselspiel. Auch wenn eine Kraft vordergründig zwar die Führung übernommen hat, ist es immer auch die andere Kraft, die den Nährboden dafür legt. Dieses Wechselspiel findet zu seiner Balance, indem beide Energien geehrt und gelebt werden. Auch wir Menschen finden erst dann zu unserer eigenen inneren Balance, wenn wir beide Energien honorieren.

Ritual: Brief an dein zukünftiges Ich

UTENSILIEN

WAS ES BRAUCHT:

- Blatt Papier
- Stift
- vielleicht noch eine Kerze

Der März mit seiner unbändigen Kraft ist ein guter Zeitpunkt, sich den eigenen Wünschen, Absichten und Intentionen zu stellen und diese auch zu formulieren. Ein Brief an dein zukünftiges Ich könnte dir helfen, deine Absichten oder Intentionen zumindest dir selbst gegenüber zu äußern. Denn oft ist es nicht der Weg, der uns davon abhält zu gehen, sondern der erste mutige Schritt. Du kannst diesen Brief als deinen eigenen ersten Schritt ansehen.

Indem du deine Wünsche zunächst nur dir selbst gegenüber äußerst, nimmst du dir den Druck. Als Ziel definiere die Herbst-Tag-und-Nacht-Gleiche, sprich: genau ein halbes Jahr später, um den 20./21. September. Genau wie die Natur sich diese Zeit nimmt zu wachsen und erblühen, schenkst auch du dir deine Zeit. Greife nicht gleich Jahre vor, sondern steck dir bewusst Ziele, die erreichbar sind.

- Nimm dir ein bis zwei Stunden Zeit und mach einen Spaziergang in der Natur. Wenn du mitten in der Stadt lebst, gibt es vielleicht einen nahe gelegenen Park.
- Nimm deine Umgebung wahr und beobachte, wie die Natur langsam zum Leben erwacht. Noch ist die Farbe Braun bestimmend, doch überall sind kleine Zeichen des Frühlings ersichtlich: sprießende Kräuter am Boden, erste Zweige, die beginnen sich zu öffnen.
- Versuche, diese Energie in dich aufzunehmen. Vielleicht kannst du auch symbolisch einen Zweig, ein Blatt oder ein Pflänzchen mit nach Hause nehmen. Achte dabei die Natur.
- Zu Hause setze dich in Ruhe hin. Wenn du magst, kannst du auch hier wieder symbolisch die Kerze der Winter-Sonnenwende aus dem Ritual im Dezember oder die des Januars anzünden. Sie symbolisiert die Sonnenkraft und das Licht, das alles hervorkommen lässt.
- Schließe deine Augen und nimm wahr, was dein Herz dir sagt. Welche Absichten, Wün-

sche, Intentionen teilt es dir mit? Vielleicht ist es nur ein Thema, das hervorkommt. Vielleicht sind es gleich mehrere. Alles ist richtig. Sei dir jedoch bewusst, dass du nur Themen aufschreiben kannst, die dich betreffen, für die du selbst aktiv werden kannst.

Nun beginne einen Brief an dich selbst zu schreiben:

Schreibe dir auf, was du dir wünschst.

- Wo möchtest du zur Herbst-Tag-und-Nacht-Gleiche stehen?
- Was darf im Verlauf des Frühlings hervorkommen und erblühen?
- Was darf mit der Sonnenkraft des Sommers weiter an Kraft gewinnen und sich maximal ausdehnen?
- Was willst du Ende September ernten?

• Schreibe dir realistische Ziele auf, doch vergiss nicht: Würden wir den Sommer nicht kennen, würden wir es im März nie für möglich halten, wie die Natur sich entwickeln und wachsen kann. Sei ehrlich, aber hab auch den Mut, hochgesteckte Ziele zu definieren. Glaube an dich und deine Kraft.

Stelle den Brief irgendwo gefaltet, aber sichtbar hin. So dass du immer wieder an deine Intentionen erinnert wirst. Zur Sommer-Sonnenwende sowie auch zur Herbst-Tag-und-Nacht-Gleiche werde ich dich daran erinnern.

Falls du die Jahresbegleitung schon seit September durchführst, wäre jetzt ein schöner Moment, deinen Brief der Dankbarkeit aus dem September zu lesen. Schau mal, wohin dich deine Samen gebracht haben. Wenn du magst, dann setze die Samen aus. Sie sind die Basis für dein neues Jahr. Du kannst sie sehr gut auch mit dem Ritual »Brief an dein zukünftiges Ich« verbinden. Denn die Samen stellen symbolisch deine Wünsche dar, die du für das kommende Jahr hast. Und so erkennst du gleichzeitig, dass alles verbunden ist und dass aus unserer Ernte immer wieder etwas Neues wachsen darf.

Ritual: Befeuere die eigenen Kräfte

In diesem Ritual geht es darum, die eigenen Kräfte zu aktivieren. Symbolisch werden die aufstrebenden Kräfte der Natur im Frühling mit den Elementen Luft und Feuer assoziiert. Diese Elemente machen wir uns im Ritual zunutze.

- Im März werden die meisten Büsche, Bäume und Pflanzen beschnitten. Dies, damit der neue Austrieb an Kraft gewinnt. Behalte mehrere Zweige dieses Schnitts bei dir. Falls du keinen Garten hast, frage in deinem Umfeld nach oder nimm ein paar Zweige auf einem Spaziergang mit. Im März sieht man überall am Wegrand beschnittene Zweige der Landschaftsgärtner.
- Gönn dir im Verlauf der nächsten Wochen bis zur Frühlings-Tag-und-Nacht-Gleiche Momente der Stille und der Besinnung. Frage dich innerlich:
  - Welche inneren Vorhaben, Wünsche, Absichten – Intentionen – will ich mit den Elementen der Natur befeuern? Was darf an Kraft gewinnen? Was darf hervorkommen, sichtbar werden? Was darf sich auch im Außen manifestieren?
  - Was wiederum hindert mich daran? Welche inneren Hürden (Angst, Zweifel, Unsicherheiten) dürfen durch das Element Feuer verwandelt werden in Mut, Vertrauen und Zuversicht?
- Um die Frühlings-Tag-und-Nacht-Gleiche, den 20./21. März, nimmst du die Zweige zur Hand. Teile sie in zwei Gruppen ein. Die eine Gruppe der Zweige symbolisiert deine Vorhaben, deine Absichten und Wünsche. Die andere Gruppe der Zweige symbolisiert deine Ängste, Unsicherheiten und Zweifel.
- Wir befinden uns zur Tag-&Nacht-Gleiche an einem Schwellenmoment. Beide Energien in der Natur halten sich die Waage. Sei dir deshalb bewusst, dass es in Ordnung ist, wenn du Zweifel oder Unsicherheiten hast. Gewisse Ängste oder Zweifel können berechtigt sein. Doch die meisten Ängste hindern uns daran, unsere Träume zu verwirklichen, und das sollte nicht sein.
- Betrachte die Zweige der ersten Gruppe. Jeder Zweig steht für ein Vorhaben, einen Wunsch oder auch eine Intention. Stell sie in eine Vase an einen dir gut sichtbaren Ort. Hege sie die kommenden Wochen, lass sie erblühen. Lass sie dein Zuhause, dein Innerstes schmücken und erfreue dich an ihnen.
- Schau dir die Zweige der zweiten Gruppe an.

Sie stehen für deine inneren Hürden, deine Unsicherheiten und Zweifel. Übergib sie dem Feuer. Verbrenne sie entweder an einer offenen Feuerstelle, im Kamin oder in einer feuerfesten Schale bei dir zu Hause. Falls die Zweige zu groß sind, kannst du sie zerkleinern und in einer feuerfesten Form den Flammen übergeben.

- Indem du sie dem Feuer übergibst, verwandelst du symbolisch deine eigenen inneren Hürden in Möglichkeiten. Denn die Zweige sind Teil eines großen Ganzen. Wir dürfen loslassen und unsere eigenen Hürden immer wieder überwinden, damit wir schlussendlich aus uns heraus wachsen können. So wie auch ein Baum an Kraft gewinnt und noch üppiger wächst, wenn er beschnitten wird.
- Übergib voller Vertrauen alles dem Feuer. Übergib es voller Wohlwollen.

Und vergiss nicht: Alles, was du in dir zulässt, alles, was du in dir manifestierst, findet zur gegebenen Zeit seinen Spiegel im Außen.

Ritual: Hürden nehmen

In diesem Ritual geht es darum, die aufstrebende Kraft der Natur im März symbolisch in sich aufzunehmen, um innere Hürden oder Schwellen zu meistern. Denn die Natur strebt empor und lässt sich nicht davon abbringen zu wachsen und zu gedeihen.

- Überleg dir im Vorfeld, wo du innerlich Hürden spürst. Welche Schwellenübergänge willst du für dich meistern? Das können größere Veränderungen sein, aber auch ganz kleine.
- Such einen für dich passenden Tag aus. Geh raus in die Natur, beobachte sie. Was treibt, wächst und gedeiht? Wo siehst du überall Zeichen ihrer unbändigen Kraft? Wie fühlt es sich an, draußen zu sein? Nimm die Energie vom März in dich auf. Atme bewusst ein und aus. Vor allem im Wald tut es gut, die frische, wohltuende Luft tief zu inhalieren.
- Versuch neue Wege auch im Wald zu gehen. Pfade, die du bis dahin nicht gelaufen bist. Vielleicht auch sehr kleine, fast unbetretene Pfade. Lass dich von deiner Intuition führen.
- Wenn du einen dir stimmigen Ort gefunden hast, sammle Naturmaterialien zusammen. Das können Steine, Äste, Blätter, Rinde, Moose sein. Achte darauf, dass es Materialien sind, die schon am Boden liegen. Breche bitte keine frischen Äste von den Bäumen ab.
- Wenn du genügend Material zusammen hast,

Die Kerze, die du zur Winter-Sonnenwende oder auch im Januar angezündet hast, kannst du zur Frühlings-Tag-und-Nacht-Gleiche zum allerletzten Mal anzünden und auch abbrennen lassen. Denn das Licht hat nun die Führung übernommen, die Tage werden endlich wieder länger.

erstelle eine für dich stimmige Hürde. Die kann so hoch, lang und breit sein, wie du magst. Du kannst auch ein schönes Naturbild daraus gestalten. Es soll einfach symbolisch für dich eine Hürde darstellen.

- Nun kannst du wählen, ob du barfuss oder mit den Schuhen über die Hürde treten willst. Barfuss gibt dir die Möglichkeit, deine Sinne noch mehr zu entfachen. Vor allem macht es auch Spaß.
- Nun schau dir die Hürde an. Für welche Herausforderung steht sie in deinem Leben? Welchen Zugang zu neuen Wegen, unbetretenen Pfaden und neuem Terrain stellt sie dar? Schließ die Augen. Visualisiere deine innere Hürde und stell dir vor, dass sie nun genau vor dir liegt.
- Atme tief ein und aus. Lass die Augen noch geschlossen. Falls Ängste aufkommen, ist das in Ordnung. Sie gehören dazu, dürfen dich jedoch nicht daran hindern, deinen Weg zu gehen. Lass die Ängste zu und versuch, sie mit deinem Atem wieder loszulassen.
- Nun öffne die Augen und schreite über die Hürde. Du kannst auch darüber springen. Mit Anlauf oder ohne – es ist deine Hürde! Dein erster Schritt auf unbekannte Wege. Vielleicht braucht es mehrere Anläufe? Auch gut. Tanze darüber. Hast du Freunde, Familie oder Kinder dabei? Macht ein Fest daraus. Lacht, schüttelt alles Alte ab und springt so oft darüber, wie ihr mögt. Es tut gut.
- Dieses Ritual eignet sich übrigens auch für andere Neuanfänge. Sei dies Mutterschaft, Selbstständigkeit, Jobwechsel oder Schulanfang.

Du kannst das Ritual auch mit bestärkenden und segnenden Räucherstoffen ergänzen. Passend dazu wären: Holunder, Rosmarin, Pfefferminze, Thymian, Orangenblüten, Beifuß, Kiefernharz, Rose, Brennnessel, Angelikawurz.

Affirmationen

Ich bin mutig.

Der Zauber der Natur ist auch in mir zu finden.

Willensstark und entschlossen gehe ich meinen Weg.

April: Öffne dich

Der April steht für das »Sich-Öffnen«. Die Natur offenbart sich und setzt dafür aufwirbelnde Kräfte ein. Lies die folgenden Attribute achtsam durch und lass sie in dir wirken. Sie stehen für die Qualitäten des Aprils: *Durchbruch, Öffnung, Dynamik, Sichtbarkeit, Wachstum, Ausdehnung, Lebenskraft.*

Alles bricht auf

DIE EIGENE LEBENSKRAFT SPÜREN

Der April ist der letzte Übergang vom Winter zum Frühling. Er ist pure Aufbruchsstimmung: ungestüm, wild, teils heftig, aber immer voller Vorfreude. Der Name April stammt aus dem Lateinischen »aprire« und bedeutet »öffnen«. Die Natur öffnet sich. Sie kommt hervor in all ihrer Schönheit. Und so können auch wir uns öffnen. Es ist ihre Einladung an uns, unsere Herzen zu öffnen und pure Freude zu empfinden. Freude zuzulassen. Freude zu empfangen. Freude zu geben. Das Schöne daran ist, wenn wir das zulassen, diese herrliche Energie der Natur in uns hineinlassen, sprudeln auch wir. Wir sprühen vor Energie. Wir sind voller Tatendrang und ermöglichen uns damit neue Perspektiven.

Die ungestüme Energie des Aprils kann manchmal aber auch nervenaufreibend sein. Nicht umsonst wissen wir, dass der April macht, was er will. Wir sind regelrecht seinen Launen ausgeliefert. Der Frühling ist da, ja. Und wie! Es scheint mir aber, als trete er genau deshalb so kraftvoll und ungezähmt auf. Denn der Winter, der möchte noch nicht loslassen. Kaum beginnen wir, uns darüber zu freuen, dass ein wunderbarer Frühlingstag ansteht, lässt es der Winter nochmals krachen. So ganz auf die Schnelle möchte er noch nicht aufgeben. Doch zu lange haben alle Tiere, Pflanzen und Bäume auf den Moment gewartet, und gegen Ende April ist es klar, wer den Kampf gewonnen hat. Vielleicht ist es aber gar kein Kampf. Vielleicht muss es genauso sein. Vielleicht wird uns allen ganz bewusst und gewollt der Kopf gewaschen. Gerüttelt und geschüttelt, was das Zeug hält, damit auch wir den letzten Wintermief hinter uns lassen.

Es ist typisch für den April, dass er sich nicht auf eine Anordnung oder eine Zuweisung beschränken will. Denn er bricht alles auf. Die ganze Wucht der kraftvollen Naturenergien kommt hervor. Er scheint unkontrolliert und einfach nur wild. Doch die Natur ist viel zu intelligent, um ihre scheinbar so ungezähmten Kräfte nicht aus einem bestimmten Grund wirken zu lassen. Stell dir vor, du gehst ganz und gar mit den Rhythmen der Natur mit. Du hattest sozusagen seit Anfang Dezember bis Ende März eine Art Winterschlaf. Du hast dich zurückgezogen, bist in deine Stille abgetaucht, hast dich von der Welt verabschiedet.

Stell dir vor, du würdest aus dieser Winterstarre direkt in den Mai übergehen. Einen Monat, der lieblich ist. Warm, süß, angenehm zart. Wo würde deine Klarheit bleiben? Wo wäre dein Wille, deine Kraft, dein Schwung? Sie würden nicht zum Zuge kommen, denn du würdest gar nicht richtig wach werden. Du würdest die Ruhe mitnehmen und dadurch eine Art Gleichgültigkeit dir und der Welt gegenüber leben.

Der Winter ist wichtig, denn er schenkt uns die Möglichkeit, durch seine ruhenden Energien anzukommen. Doch das Pendel schwingt nach einer gewissen Zeit wieder zurück. Alles im Leben ist dem Wandel unterlegen. Alles verändert sich. Immer. Das ist auch richtig so. Und genau deshalb übernehmen ab der Frühlings-Tag-und-Nacht-Gleiche die aufstrebenden Kräfte wieder das Ruder und wecken dich. Deshalb erfolgt auch nach dem März der heftige April, mit seiner unkontrollierbaren und aufweckenden Energie. Damit auch wirklich jeder wieder wach ist.

Wir werden wachgeschüttelt, anders kann man es nicht sagen. Die Natur schüttelt jegliche Trägheit ab. Und sie macht dies nur zu unserem Wohle.

Das Wechselspiel von Werden und Vergehen

So beständig die Natur in ihren wiederkehrenden Zyklen ist, so wechselhaft ist sie auch. Das Werden und Vergehen ist immer präsent und somit auch ein Teil von uns. Der Herbst und der Winter stehen für das Vergehen. Der Frühling und Sommer für das Werden. Die Kräfte und Energien sind gleich. Aus diesem Blickwinkel betrachtet sehen wir, dass wir uns seit dem März in der großen Phase des Werdens befinden. Die Energien sind aufstrebend, vorwärtsgetrieben, dynamisch und aktiv. Sie wollen sich entfalten, sie wollen sichtbar werden und wachsen. Was im März und April mit ungestümer Kraft hervorkommt, kann dann im Verlauf der Monate Mai und Juni zur absoluten Entfaltung kommen.

Dem Wachstum Raum geben

Beobachte achtsam die Entwicklung in der Natur vom April bis in den Juni hinein. Konstant findet eine Transformation und Integration statt. Jeder Prozessschritt wird integriert. Nichts geschieht umsonst. Auch wenn gewisse Phasen harzig, zäh oder sogar schmerzhaft waren, gilt es, diese bewusst in den eigenen Entwicklungsprozess einzubinden. Eine Apfelblüte muss verblühen. Sie muss ihre eigene Phase des Vergehens erleben, damit daraus die reife Frucht entstehen kann. Überall sind diese Polaritäten des Werdens und Vergehens sichtbar. Wir dürfen deshalb anerkennen, dass sie auch in uns sind. Ein nachhaltiges Wachstum kann nur vollzogen werden, indem immer wieder auch das Vergehen integriert wird. Das Loslassen. Das Sterben. Das Verblühen. Damit der Neuanfang, das Sprengen der schützenden Schale, das Sich-Öffnen und Entfalten Raum hat.

So kündigt der April das »Sich-Öffnen« an – was manchmal anstrengend sein kann. Denn wenn wir nicht zulassen, dass wir uns öffnen, können wir auch nicht wachsen. Wir würden in unserer Starre verhaftet bleiben. Wir würden in unserer Komfortzone verbleiben und nicht zur Entfaltung kommen. Es gibt Phasen im Leben, in denen das richtig und gut ist. Dafür haben wir die Qualität des Winters. Doch es gibt auch Phasen, in denen ein Wachrütteln erforderlich ist. Wo es vielleicht schmerzhaft sein kann, uns zu bewegen, uns hinauszuwagen. Wo es Angst machen kann. Da wir ja nicht wissen, was uns erwartet. Doch ohne den Sprung ins Unbekannte, ohne das Begehen von neuen Wegen, werden wir nie wissen, was uns vielleicht am anderen Ende erwartet. Wir müssen unsere eigenen Grenzen sprengen, damit wir in die wunderbare Phase der Entfaltung und des Erblühens kommen können. Und der April hilft uns dabei. Mit seiner Qualität schenkt er uns Lebenskraft, alle Hürden zu nehmen.

Die heftigen Energien im April helfen dir, deine letzte Winterstarre zu lösen. Sie unterstützen dich dabei, deine Grenzen zu sprengen und dich zu öffnen.

Ritual: Sprenge deine Grenzen

In diesem Ritual geht es darum, die dynamischen und wilden Kräfte des Aprils auch in dir zu entdecken und sie kraftvoll zu nutzen.
Du brauchst dafür: altes Geschirr aus Naturmaterialien wie Porzellan oder Ton, eine große alte Decke oder ein altes Leinentuch, Steine, evtl. Hammer.

- Bevor wir mit dem Ritual starten, lade ich dich ein, einen Spaziergang in der Natur zu machen. Auch hier gilt: Wenn du in einer Stadt wohnst und keine Zeit hast, aus der Stadt herauszufahren, dann geh in einen Park. Das passt auch wunderbar.
- Beobachte die Natur, wie sie sich unbändig und voller Lebenskraft öffnet. Schau genau hin, du wirst unzählige Beispiele entdecken. Nimm diese Energie in dich auf. Denk immer wieder daran: Die Natur öffnet sich – öffne auch du dich.
- Nun kannst du wählen, ob du das Ritual draußen in der Natur durchführen willst oder bei dir zu Hause. Du wirst nämlich das Geschirr, das du für das Ritual bereitgestellt hast, kraftvoll zerschlagen.
- Falls dir dein eigenes Geschirr zu schade ist, kannst du deine Eltern oder Großeltern fragen, ob sie altes Geschirr haben, das sie schon lange nicht mehr wollen. Andernfalls kannst du auch in ein Brocante oder einen Second-Hand-Laden gehen und etwas aussuchen. Vielleicht ist es aber so, dass du bewusst ein altes Geschirr aussuchst, mit dem dich etwas verbindet, was du nun aufbrechen willst. Das können vergangene Beziehungen sein oder alte Familiengeschichten. Vielleicht hat dir jemand eine Vase geschenkt, die du eigentlich nicht magst, dich aber nie getraut hast, sie wegzugeben? Dann trau dich jetzt, wahrhaftig zu sein, und nimm dieses Geschirr. Du wirst wissen, was für dich stimmig ist.
- Nun mach dir Gedanken darüber, was du zerschlagen willst. Vielleicht helfen dir folgende Fragen dabei:
  - Wo will ich einen Durchbruch erlangen?
  - Was darf sich öffnen und hervorkommen?
  - Welche Grenzen will ich sprengen?
- Nimm dir dafür Zeit. Vielleicht hilft es dir, vorher deine Gedanken in einem Tagebuch oder Notizbuch zu erfassen.
- Wenn du soweit bist, breite die Decke oder das Leinentuch aus. Falls der Boden zu weich ist, kannst du Steine darunterlegen. Eventuell musst du auch die Kanten mit ein paar Steinen befestigen. Sammle dich und nimm das Stück oder die Stücke (du bist frei darin,

auch gleich mehrere Gefäße zu zerschlagen) in die Hand. Achtung, die Decke oder das Leinentuch kann Löcher davon bekommen.

- Verbinde dich mit der Absicht, was du zerschlagen willst. Sprich es laut aus, wenn du willst. Schrei es hinaus und dann schlage es mit voller Wucht auf den Boden, wo die Decke oder das Leinentuch liegt. Du kannst es auch auf einen Stein legen und mit einem Hammer zerschlagen. Da bist du ganz frei. Achte darauf, dass du dich nicht verletzt. Und vergiss nicht, dabei zu atmen.
- Falls du das Ritual in einer Gruppe durchführst, dann startet erst mit dem Zerschlagen, wenn alle soweit sind. Feuert euch gegenseitig an.
- Lass danach den Befreiungsschlag in dir wirken.
- Falls du das Ritual in der freien Natur durchführst, ist es essenziell, alle Geschirrteile wieder aufzusammeln und zu entsorgen. Das ist ganz, ganz wichtig. Auch kleinste Teile sollten aufgesammelt werden. Das Tuch hilft dir dabei, die Teile leicht einsammeln zu können.
- Behalte ein Stück des zerschlagenen Geschirrs. Es soll dir als Erinnerung dienen. Falls die einschränkenden Begrenzungen wieder auftauchen sollten, hast du das Stück als Beweisstück für dich, dass diese zerschlagen wurden.

Vielleicht erscheint dir dieses Ritual seltsam und fast schon befremdlich, aber wir Menschen sind oft sehr kontrolliert. Der April bricht diese Kontrolle auf. Nutze diese Energie, diese Qualität für dich. Es kann sein, dass es dein Lieblingsritual wird.

Falls du das Ritual mit einer Räucherung bekräftigen willst, passen folgende Räucherstoffe gut dazu: Rosmarin, Thymian, Brennnessel, Weihrauch, Kiefernharz, weißer Copal.

Impuls: Entdecke die aufstrebenden Kräfte in dir

In der Gedankenblase siehst du die positiven Eigenschaften der aufstrebenden Kräfte der Natur. Für den Impuls brauchst du dein Tagebuch, Notizheft sowie einen Stift.
Schau dir zuerst die Wörter in der Blase in Ruhe an. Sie stehen für die Attribute der aufstrebenden Kräfte in der Natur.

- Wähle intuitiv zwei bis drei Begriffe für dich aus. Gehe dabei ganz spontan und ohne großes Nachdenken vor. Frage dich:
  - Möchte ich diese Eigenschaft auch in meinem Leben haben?
  - Lebe ich diese Eigenschaft oder halte ich mich damit noch zurück?

Lebensfreude
Entschlossenheit
Inneres Feuer Selbstwert
Selbstwirksamkeit
Zielstrebigkeit Mut
Entfaltung Ausdehnung
Fülle Auftrieb Lust
Esprit Dynamik

  - Wie könnte ich diese Eigenschaft zum Ausdruck bringen?
  - Was hindert mich daran?
  - Kann ich innerlich »ja« zu dieser Eigenschaft sagen und sie in mein Leben integrieren?
- Die Natur übermittelt uns Tag für Tag wunderbare Eigenschaften, die auch wir in uns finden können, denn wir sind Natur.
- Nimm die Eigenschaften, mit denen du in Resonanz gegangen bist, mit. Hol sie jedes Mal hervor, wenn du sie in deinem Alltag brauchst.
- Vielleicht hilft dir dieser Gedanke: Stell dir vor, wie die Natur neben dem Spielfeld deines Lebens steht und dich anfeuert. Vielleicht stehen da die Eigenschaften »Dynamik«, »Lust«, »Lebensfreude« und »Mut«. Sie feiern dich. Sie wollen, dass du genau diese Attribute auch in dir fühlst. Nimm sie wahr. Nimm ihr Anfeuern in dich auf. Richte dich auf diese Eigenschaften aus, du wirst erstaunt sein, was sie in dir bewirken können.

Vergiss nicht: Du entscheidest, inwiefern du diese Eigenschaften leben willst. Wie ausgeprägt oder wie ausbalanciert. Nichts ist falsch. Alles ist richtig. Oft tendieren wir dazu, gewisse Eigenschaften zu stigmatisieren. Vor allem als Frau ist es nicht immer einfach, Eigenschaften wie Zielstrebigkeit oder Selbstwert auszuleben. Zu schnell erscheinen einschränkende Gedanken und Glaubenssätze. Lass dich davon nicht abbringen, all das zu leben, was du leben willst, was du sein willst.

Affirmationen

Ich sprenge meine Grenzen.
Ich öffne mich.
Ich bin grenzenlos.
Die Natur öffnet in mir den Weg zu mir selbst.
Ich mache mich sichtbar.

Mai: Erblühen heißt leben

Im Mai zeigt sich die Natur in ihrer lieblichsten Form. Sie erblüht und lädt uns dadurch ein, es ihr gleichzutun. Lies die folgenden Attribute achtsam durch und lass sie in dir wirken. Sie stehen für die Qualitäten des Mai: *Genuss, Wonne, Pracht, Schönheit, Kreativität, Fülle, Lebensfreude, Sinnlichkeit.*

Das Leben findet jetzt statt

ENTDECKE DIE FÜLLE IN DIR

Der Mai steht für die Schönheit des Lebens. Zu keinem anderen Monat im Jahr erblühen mehr Blumen. Es ist, als würde die Natur Hochzeit feiern, so wunderbar zeigt sie sich in ihrem Kleid.

Schau dir eine Blüte an. Sie kommt hervor, öffnet sich und zeigt ihre pure Schönheit. Keine Blüte gleicht der anderen und doch sind sie alle wunderbar und einzigartig. Genauso ist es mit uns Menschen. Die Natur, das Leben bittet uns darum hervorzukommen. All das zu zeigen, was in uns ist. Jeder für sich. Jeder in seiner einzigartigen Form.

Der Mai ist purer Balsam für die Seele. Er lädt uns mit seiner wunderbaren Pracht an Blumen, Farben, Gerüchen und Formen ein, zu genießen. Er holt uns ab und lässt uns im Moment ankommen. Im Jetzt. Indem wir stehenbleiben und den Duft eines wunderbaren Fliederstrauchs genießen. Aber auch, indem wir die angenehme Wärme seiner Sonnenstrahlen auf unserem Gesicht empfangen. So als würden wir endlich, nach langer Zeit, einen lieben alten Freund wiedersehen. Vielleicht finden deshalb im Mai so viele Hochzeiten statt. Denn kaum ein Monat erinnert uns so stark daran,

dass das Leben im Herzen stattfindet. Der Mai schenkt uns Zeit. Gerade weil er uns immer wieder ins Jetzt holt. Er schenkt uns Leben. Denn das Leben geschieht im Jetzt. Und dieses Leben, das er uns auf bunte Art und Weise zeigt, berührt unsere Herzen.

Er spiegelt uns, dass das Leben in uns stattfindet. Er zeigt uns, dass wir blühen können, wenn wir möchten. Dass wir entscheiden können, wie wir unsere Zeit leben. Und genauso entscheiden können, was in unseren Herzen ist. Und er macht es uns leicht, denn er verführt uns ja regelrecht dazu, das Herz zu öffnen und ein Gefühl von Verliebtheit zu erleben. Dieses Hochgefühl, wenn wir uns endlich wieder leichter kleiden können. Wenn wir unser Zuhause mit bunten Blumen schmücken, die Kinder barfuss herumrennen können. Und gleichzeitig hört man das Gezwitscher der Vögel, das Summen der Bienen, das sanfte Flattern der ersten Schmetterlinge.

Der Monat Mai ist übrigens nach einer römischen Gottheit benannt. Die Göttin Maia war die Namensgeberin. Sie war die Göttin der Fruchtbarkeit. Wie passend, denn zu keinem anderen Monat zeigt sich die Natur so überbordend, sinnlich und lebensbejahend wie im Mai. Gefühlt befinden wir uns in der Hochphase des Frühlings und doch sind wir schon in seiner Abschlussphase.

Das mag nun seltsam erscheinen, doch schon bald beginnt ein neuer Abschnitt. Der Juni gehört zu den Sommermonaten. Die Qualität der Sommermonate zeichnet sich vor allem dadurch aus, dass der Juni, Juli und August Monate der Reifung sind. Was in den Frühlingsmonaten ersichtlich wurde, darf im Sommer voller Vertrauen in die Reife übergehen. Doch bevor es soweit ist, dürfen wir den Mai noch genießen und seine Energien für uns nutzen.

Der Mai ist der Sonne zugewendet. Seine Energien sind fließend, aktiv und belebend. Sie nähren unser Herz und ermöglichen dadurch ungeahnte Wachstumssprünge.

Ritual: Feiere die Schönheit

In diesem Ritual geht es darum, die Schönheit der Natur zu feiern und sichtbar zu machen. Du brauchst dafür nur Zeit und Muße. Alles andere findest in der Natur.

- Schenke dir und deinen Liebsten ein paar Stunden der Muße und Glückseligkeit. Geh mit Freunden, Familie oder auch allein in der Natur spazieren.
- Sammle Gegenstände der Natur, die du als schön empfindest. Das können Zapfen, Steine, Moose, Blätter, Zweige, Blütenblätter sein. Achte darauf, dass du Gegenstände nimmst, die schon auf dem Boden liegen. Du kannst auch einen welk gewordenen Blumenstrauß mitnehmen und die Blütenblätter für das Ritual einsetzen.
- Such dir einen Platz aus, der ebenerdig ist. Gestalte nun ein Mandala. Ein Mandala ist eine Art Schaubild, das rund oder quadratisch und auf einen Mittelpunkt hin orientiert ist. Versuche, dich ganz der Gestaltung hinzugeben. Vertrau darauf, dass du allein oder auch als Gruppe – ohne zu planen – ein wunderschönes Schaubild kreieren kannst.
- Du wirst feststellen, dass du in dein Tun versinken wirst. Du vergisst für einen Augenblick die Zeit. Stück für Stück entsteht ein wunderbares Kunstwerk. Ein Kunstwerk, das du allein oder zusammen mit deinen Liebsten gestaltet hast. Ein Kunstwerk, das keinen anderen Sinn hat, als einfach schön zu sein. Die Schönheit der Natur zu spiegeln. Das Herz zu erfreuen.

Die Schönheit der Natur und des Lebens können wir immer feiern. Dafür braucht es keinen Grund. Das Ritual muss deshalb nicht zwingend im Mai durchgeführt werden. Gestalte dein Mandala, wenn dir danach ist. Stell dir vor, wie viel Freude zu erzeugst, wenn Passanten an deinem Mandala vorbeilaufen. Niemand erwartet ein so schönes Kunstwerk auf seinem Spaziergang. Jeder wird stehenbleiben und verwundert das Schaubild bestaunen. Wenn wir etwas aus purer Freude und Liebe tun, hat dies eine wunderbar lichtvolle Ausstrahlung. Umso schöner ist es, wenn andere daran teilhaben können.
Das Ritual passt auch wunderbar zu Feierlichkeiten wie einer Hochzeit oder einem Geburtstag. Die ganze Gesellschaft könnte gemeinsam ein Mandala erstellen.

Ritual: Entdecke das Schöne

Nicht immer sind unsere Tage lichtvoll. Manchmal ist unser Herz verschlossen, und obwohl die Sonne scheint, fühlen wir uns umgeben von dichten Wolken. Auch diese Tage gehören zum Leben dazu. Es ist wichtig, die eigenen Gefühle wahr- und ernstzunehmen. Vielleicht hilft es dir, wenn du an diesen Tagen in die Natur gehst und deren Schönheit entdeckst. Denn auch wenn wir sie nicht immer wahrnehmen, so ist sie doch da.

- Begib dich auf einen Spaziergang. Wenn möglich, in Wald und Wiese, also wirklich draußen in der Natur – es gibt natürlich auch in der Stadt viele wunderbare Ecken, wo uns die Natur ihre nährende Schönheit zeigt.
- Stell dir ein Tor vor, wie schon beim Januar-Ritual. Stell dir vor, wenn du dieses Tor durchschreitest, lässt du alles, was in deinem Alltag dein Herz beschwert, außen vor. Die Welt, die du betrittst, ist rein und frei von Sorgen.
- Wenn du durch dieses Tor hindurchgegangen bist, konzentriere dich voll und ganz auf das JETZT. Was siehst du? Was riechst du? Was spürst du? Wie sehen die Bäume, Sträucher, Gräser, Büsche, Blumen aus? Welche Farben entdeckst du? Wie hat sich in den letzten Wochen der Boden verändert? Welche Blüten gefallen dir besonders? Rieche daran oder berühre sie sacht.
- Nimm ein paar Gegenstände aus deinem zauberhaften Spaziergang mit. Vielleicht einen Stein, einen Zapfen oder ein Blatt. Du entscheidest.
- Nun geh wieder zurück zu deinem imaginären Tor. Bedanke dich bei der Natur für die Schönheit, die sich dir offenbart hat, und geh achtsam wieder in die Alltagswelt hinein.
- Stell deinen Gegenstand sichtbar in deinem Zuhause oder an deinem Arbeitsplatz hin. Er soll dich an die Schönheit erinnern, die uns immer und überall umgibt, auch wenn wir sie oft nicht wahrnehmen. Und vergiss nicht: Auch wir gehören zur Natur. Folglich sind auch wir schön und lichtvoll, auch wenn wir uns nicht immer so fühlen.

Falls du dich auch zu Hause mit einer Räucherung in eine lieblich freudvolle Stimmung versetzen willst, dann passen folgende Räucherstoffe dazu: Süßgras, Vanille, Rosenblätter, Benzoe Siam, Storax Styrax, Alant.

Ritual: Vom Frühling zum Sommer achtsam übergehen

Es ist immer sehr bereichernd, wenn die Übergänge der Jahreszeiten bewusst und mit einem kleinen Ritual begleitet werden. Denn sie laden uns dazu ein, für einen kurzen Augenblick innezuhalten und zu sehen, was ist.

- Nimm dir ein paar Momente der Ruhe. Falls du das Ritual »Entdecke das Schöne« durchgeführt hast, nimm den Gegenstand zu dir.
- Lies achtsam folgende Fragen:
  - Was wurde in den letzten Monaten in meinem Leben ersichtlich?
  - Was durfte in meinem Leben gedeihen, erblühen und hervorkommen?
  - Wenn ich an meine Eigenschaften aus dem April-Ritual denke, wurde ich diesen in den letzten Wochen gerecht?
  - Wenn nicht, was hat mich daran gehindert?
  - Welche Erkenntnisse darf ich daraus gewinnen?
  - Was lasse ich wohlwollend los?
  - Was will ich in den Reifeprozess des Sommers mitnehmen?
- Schreib dir deine Gedanken dazu auf. Du kannst nur eine Frage für dich herauspicken oder auf alle eingehen. Du entscheidest. Sei ehrlich und aufrichtig dir selbst gegenüber. Sei aber auch wohlwollend und liebevoll.
- Wenn es dir hilft, dann führe ein Loslassritual durch (du findest ein passendes dazu im Monat Oktober auf S. 113f.)
- Nimm nun vor allem die Themen mit, die du weiterentwickeln willst. Vielleicht kannst du sie dir irgendwo sichtbar machen? So dass sie dich auch die kommenden Wochen bis zur Sommer-Sonnenwende um den 20./21. Juni begleiten.
- Denke daran, in der Natur gibt es keinen Druck, keinen Stress und keine Beschleunigung. Der Prozess der Reife nimmt sich immer die Zeit, die es braucht. Nicht mehr und nicht weniger. Auch du kannst deine eigenen, inneren Früchte nicht zur Reife zwingen.
- Beobachte immer wieder die Natur, wie sie von Tag zu Tag wächst, hervorkommt, gedeiht. Sie geht ihren Weg, bedacht und in ihrem Tempo.

Impuls: Nähre das Herz

Lade die kommenden Wochen des Monats immer wieder die Sinnlichkeit und pure Freude in dein Leben ein. Feiere ein Blütenfest, halte ein Picknick mit Freunden, gönn dir einen prachtvollen Blumenstrauß, bekoche dich und deine Liebsten mit farbenfrohen Speisen. Es braucht oft nicht viel, um unser Herz durch die Gaben der Natur zu öffnen und zu nähren. Manchmal reicht schon ein kurzer Spaziergang an blühenden Obstbäumen entlang. Oder das verzückte Lauschen von Vögeln und ihrem Gesang. Vielleicht legst du dich auch einfach auf eine Blumenwiese und gibst dich dem Vorbeiziehen der Wolken hin. Gönn dir Wonne. Gönn dir Schönheit. Sie ist im Mai überall zu finden. Nähre dein Herz und du nährst die Welt.

Affirmationen

Ich vertraue dem Rhythmus und der Melodie meines Herzens.

Ich bin schön.

Meine Liebe fließt unendlich.

Ich öffne mich für die Fülle in mir.

Ich lebe die Schönheit des Lebens.

Juni: Zeige deinen inneren Reichtum

Im Juni findet die Sommer-Sonnenwende statt, der längste Tag und die kürzeste Nacht dürfen gefeiert werden. Die Natur geht in ihrer maximalen Größe auf. Lies die folgenden Attribute achtsam durch und lass sie in dir wirken. Sie stehen für die Qualitäten des Juni: *Licht, Höhepunkt, Expansion, Fülle, Ekstase, Gipfel, Ausblick, Potenz, Energie, Ausdruck.*

Genieße deine Gipfelmomente

DIE SONNENENERGIE AUFNEHMEN

Der Juni ist der Monat des Lichts. Wir werden regelrecht gebadet im Licht. Stehen wir frühmorgens auf, ist es hell. Und abends stellen wir erstaunt fest, dass es schon spät ist. Die Helligkeit täuscht uns darüber hinweg, dass der Abend schon begonnen hat. Der Juni ist in jeglicher Hinsicht ein Monat der Sonne. Denn im Juni findet die Sommer-Sonnenwende statt. Wir feiern den längsten Tag und die kürzeste Nacht des Jahres. Die Sonne bleibt zu dieser Zeit am längsten über dem Horizont. Die Wende markiert den Beginn des astronomischen Sommers.

Das Licht der Sonne wirkt sich positiv auf unsere Zellen, unseren Hormonhaushalt, unser Wohlbefinden und unsere Leistungsfähigkeit aus. Es ist deshalb nachvollziehbar, wieso dies die Zeit ist, wo wir schwungvoll und mit Ausdruck wirken dürfen. Wo wir auch hochgesteckte Ziele erreichen können. Gerade jetzt, zur Hochphase der Natur. Doch es braucht dazu auch das Bewusstsein, dass Höhepunkte nur möglich sind mit rhythmischen Pausen

Die Verstärkung der Naturenergien

Der Vollmond um die Sommer-Sonnenwende hat eine sehr ausgeprägte Energie. Denn die Kräfte der Natur potenzieren sich, wenn sie im gleichen Rhythmus stattfinden. Sprich, ein Vollmond, der in seiner Symbolik und Qualität übereinstimmt mit der Energie der Sommer-Sonnenwende, kann sein ganzes Potenzial zur Wende hin entfachen. Es kommt nicht von irgendwoher, dass zum Beispiel Heilkräuter im Juni geerntet werden. Wenn die Sonne ihren höchsten Stand hat, um die Mittagszeit und am besten sogar noch um die Vollmondzeit. Im Gegenzug dazu hat ein Neumond im Winter auch seine größte und am tiefsten wirkende Kraft.

Hinweis zu den Sonnenwenden

Zur Sommersonnenwende hat die Sonne ihren höchsten Stand. Wir erleben den längsten Tag – und die kürzeste Nacht des Jahres. Die beiden Wenden, die Winter- sowie die Sommer-Sonnenwende, markieren zwei wichtige Pfeiler im Jahreskreislauf. Sie spiegeln die Gesetzmäßigkeiten unserer Welt wider. Licht und Schatten. Werden und Vergehen. Tag und Nacht. Zur Winter-Sonnenwende feiern wir die Wiederkehr des Lichts. Die längste Nacht geht vorbei. Das Tal wurde durchschritten. Es ist eine Wende, die Hoffnung manifestiert. Die Sommer-Sonnenwende steht im Gegenzug für den Gipfel des Berges. Wir stehen ganz oben und sind dankbar. Zur Sommer-Sonnenwende manifestieren wir deshalb Dankbarkeit und bitten um den Segen für das folgende Halbjahr.
Wenn wir unser Leben aus dieser Perspektive sehen, stehen Hoffnung und Dankbarkeit im Mittelpunkt. Denn ohne Hoffnung wagen wir uns nicht an neue Ufer. Wir brauchen die Hoffnung und Zuversicht, um unseren eigenen Weg gehen zu können. Und die Dankbarkeit gibt uns Fülle. Denn ohne Dankbarkeit sehen wir nicht, was wir alles schon erreicht haben. Wir sehen unseren inneren Reichtum nicht, der uns nährt und wiederum Vertrauen schenkt. So halten sich beide Sonnenwenden die Waage und geben uns so die Stabilität, die wir Menschen brauchen.

und einem ausgleichenden Abstieg. Wenn wir Höchstleistungen erbringen wollen, braucht es im Gegenzug auch immer die dazugehörende Pause. Nur so bleibt alles im Takt und in Balance.

Stell dir die Qualität des Junis als Gipfelmoment vor. Du hast einen steilen, anstrengenden und langen Aufstieg hinter dir. Du bist nun oben angekommen – endlich! Was tust du? Du begibst dich nun nicht gleich zum Abstieg. Nein, du genießt den Moment! Du gönnst dir eine Pause, setzt dich hin und kostest die Aussicht aus. Diese Analogie darfst du für den Juni auf dein Leben übernehmen, aber auch sonst, wenn du etwas erreicht hast. Wir honorieren selten unsere Erfolge. Gehen gleich weiter zum nächsten Ziel und vergessen dabei alle Gipfel, die wir schon bestiegen haben.

Der Juni lädt dich mit seiner Qualität dazu ein, deine Erfolge zu feiern. Mögen sie in deinen Augen auch noch so klein sein. Und er lädt dich dazu ein, seine Kraft für dich zu nutzen – für dich selbst, für deine Familie, dein Hobby oder deine Leidenschaft. Honoriere diese lichtvolle Zeit. Sei dir bewusst, wie kraftvoll sie ist und versuche, diese Kraft auch in dir selbst zu spüren. Du findest auf S. 14 die Illustration »Die Kreisläufe der Natur«. Du siehst, wir befinden uns auf dem höchsten Punkt des Kreislaufs. Höher hinaus geht es nicht. Der Höchststand der Sonne zur Mittagszeit stimmt von der Symbolik und Qualität genau überein mit dem Vollmond sowie auch der Sommer-Sonnenwende im Juni. Vielleicht wird dir so bewusst, wie unglaublich kraftvoll und mächtig der Juni mit der Wende ist. Auch ein Vollmond kann nicht noch voller werden. Es braucht Mut, aber auch Güte, um zu erkennen, dass eine Grenze erreicht wurde und daraufhin die nächste Entwicklungsphase erfolgt.

Nach der Sommer-Sonnenwende nimmt die Kraft der Sonne langsam, aber stetig wieder ab. Obwohl für uns der Sommer gefühlt erst begonnen hat, ziehen sich seine Energien schon wieder zurück. Diese vermeintlichen Widersprüche weisen uns immer wieder darauf hin, dass es zu genießen gilt, was ist. Wir befinden uns im Juni in einer Hochphase der Natur. Bis zur Herbst-Tag-und-Nacht-Gleiche um den 21./22. September sind die Tage länger als die Nächte. Wir haben eine Phase vor uns, die uns unglaublich viel Wärme, Licht und Sonnenstunden gibt. Genieße sie! Die Natur hat ihre ganze Kraft nach außen gerichtet. Ihre geballte Ladung an Energie ist in ihren Blüten und Früchten. Erst nach der Herbst-Tag-und-Nacht-Gleiche kehrt die Energie der Natur wieder langsam nach innen, zurück zu den Wurzeln. Verbinde dich immer wieder mit dieser sichtbaren Energie der Natur. Zelebriere ihre Schönheit, ihre Fülle und ihren Reichtum. Und denk daran, auch du bist genauso schön. Wir alle haben einen unendlichen und wunderbaren Reichtum in uns. Lass diesen inneren Reichtum zu und lebe ihn.

Der Juni übermittelt uns Kraft, Ausdehnung und Energie. Wir dürfen über uns hinauswachsen. Wohl wissend, dass alles seinen Höhepunkt hat und danach die Zeit der Reife ansteht.

Ritual: Bündle die Sonnenkraft

In diesem Ritual geht es darum, dass du die Kraft der Sonne aus der Natur für dich ins zweite Halbjahr mitnimmst. Zur Sommer-Sonnenwende befindet sich die Heilkraft der Natur vor allem in den Blüten und Früchten. Dies, da die Energien aufstrebend sind. Im Herbst und Winter begeben sich die Energien ins Wurzelreich der Pflanzen. Wir machen uns diesen Rhythmus zunutze und erstellen ein Räucherbündel aus Heilkräutern und Blumen. Sie sollen uns bis zur Winter-Sonnenwende hin begleiten und stärken.

UTENSILIEN

WAS ES BRAUCHT:

- Heilkräuter und Blumen aus der Natur
- Schere
- Schnur

- Begib dich allein oder in einer Gruppe auf einen Spaziergang draußen in der Natur. Achte darauf, dass es die letzten Tage nicht geregnet hat. Geh auch nicht zu früh am Morgen raus, damit durch die Kraft der Sonne der Morgentau verdunstet ist. Es ist wichtig, dass die Pflanzen schön trocken sind.
- Nimm auf deinem Spaziergang ausgewählte Blumen und Heilkräuter mit. Hier ein paar Beispiele: Königskerze, Johanniskraut, Schafgarbe, Arnika, Kamille, Wegwarte, Beifuß, Mohn, Klee, Wiesenschaumkraut, Margerite, Lindenblüten, Wiesensalbei, wilde Möhre, Witwenblume, Flockenblume etc.
- Du kannst selbstverständlich auch Blumen und Kräuter aus deinem Garten nehmen. Verbinde es jedoch mit einem Spaziergang draußen in der Natur, das tut gut.
- Wähle intuitiv deine Blumen und Kräuter. Bündle dir deinen eigenen Strauß zusammen. Dieser wird seine Richtigkeit haben.
- Nun nimm die Blumen und Heilkräuter mit nach Hause und breite sie achtsam vor dir aus. Betrachte sie und honoriere ihre Schönheit, ihre Kraft. Sei dir bewusst, dass die ganze Sonnenkraft in ihnen steckt.
- Nimm nun die stärkste Blume (am besten eignet sich dafür die Königskerze) zur Hand

und richte achtsam eine Blume nach der anderen um sie herum. Stelle sicher, dass die Blumen nicht alle auf gleicher Höhe sind. Sie sollten um den Stiel der Hauptblume entlang verteilt sein.

- Nimm nun den Faden zur Hand und binde sie unten fest zu. Danach wickelst du den Faden schräg den Strauß entlang hinauf, so dass eine Art Stab entsteht. Wickle den Faden bis zur Spitze des Straußes und dann bis zum Knoten hinab. Achte darauf, dass du den Faden wirklich festziehst, da die Blumen nach dem Trocknen schrumpfen.
- Betrachte nun deinen »Sonnenstab«. Erfreu dich an dieser gebündelten Kraft. Er darf nun an einem dunklen und trockenen Ort kopfüber aufgehängt und getrocknet werden.
- Falls du den Räucherstab und dich selbst mit einer segnenden Räucherung bereichern willst, dann passen folgende Räucherstoffe dazu: Holunderblüten, Johanniskraut, Königskerze, Kamille, Lindenblüten, Frauenmantel.

Mit der Sommer-Sonnenwende begeben wir uns in die zweite Jahreshälfte. Die Tage werden langsam, aber sicher wieder kürzer. Dein Sonnenstab/Räucherbündel darf dich in dieser Zeit begleiten. Du kannst ihn jedes Mal hervornehmen und dich sowie dein Zuhause damit verräuchern, wenn du die Kraft des Sommers für dich brauchst. Sprich, wenn du Licht, Energie, Mut, Kraft und Zuversicht brauchst. Du kannst ihn aber auch bis zur Winter-Sonnenwende aufbewahren und ihn dann in einem Ritual anzünden. Du begrüßt somit das wiederkehrende Licht der Sonne. Du kannst aber auch gleich beides kombinieren. Sprich, ihn dann einsetzen, wenn du ihn brauchst und gleichzeitig auch zur Wintersonnenwende. Bedanke dich bei der Natur für ihre Gaben und ihre Kraft. Sie begleitet dich immer. Auch in dunklen Zeiten.

Alternativ: Das Ritual ist sehr schön, wenn du es im Kreise deiner Liebsten oder mit deinen Freunden und Freundinnen durchführst. Verbinde damit auch gleich ein Sommerfest, wo ihr ein Feuer entfacht und damit die Sonnenkraft symbolisiert. Ihr könnt auch um das Feuer tanzen oder darüberspringen als eine Art »Feuertanz«. Du kannst auch neben dem größeren Räucherbündel noch viele kleine Sommer-Sträußchen binden und diese auch trocknen lassen. Sie sind ein sehr schönes Geschenk für liebe Menschen zur Winter-Sonnenwende.

Ritual: Verbinde dich mit dem Licht

Das folgende Ritual soll dir dabei behilflich sein, in die Qualität der Sommer-Sonnenwende einzutauchen und sie zu genießen:

- Versuche, dir um die Sommer-Sonnenwende (das kann auch eine oder zwei Wochen später sein) einen Vormittag frei zu nehmen. Suche dir einen Ort aus, wo du hinauflaufen kannst. Das muss kein hoher Berg sein, es kann auch ein Hügel oder ein Aussichtspunkt sein. Mach dich auf den Weg, solange es dunkel ist.
- Auf deinem Weg mach dir Gedanken über das vergangene Halbjahr.
  - Was hast du alles erreicht?
  - Worauf darfst du stolz sein?
  - Wofür bist du dankbar?
- Sobald du an deinem Ort angekommen bist, ruh dich aus. Versuche nun, alle anderen Gedanken vorbeiziehen zu lassen. Schau dir das Spektakel des Sonnenaufgangs an. Nimm das Licht der Sonne in dich auf. Stell dir vor, das Licht geht tief in dein Herz hinein.
- Betrachte die Aussicht. Sinniere über folgende Fragen:
  - Wo möchtest du noch in diesem Jahr hin?
  - Wohin möchtest du dieses aufgenommene Licht mittragen?
  - Was möchtest du im nächsten halben Jahr angehen?
  - Wo kann dir das Licht der Sommer-Sonnenwende noch behilflich sein?
- Schau mit dem Herzen hin. Was möchtest du wirklich? Was fühlst du? Wo geht dein Herz auf? Was bringt dich zum Leuchten? Setze dort an. Dort ist deine Lichtquelle. Die Lichtquelle, die dir hilft, in deiner Energie zu bleiben. Die dir hilft, deine Wünsche und Absichten zu erreichen.
- Bedanke dich bei der Sonne und den Naturkräften. Sie waren schon immer da und werden auch lange nach uns da sein. Ihre Kraft ist unermesslich und unendlich.

Impuls: Honoriere die Sommer-Sonnenwende

- Lass alles los, was du nicht mehr in die zweite Jahreshälfte mitnehmen willst. Mach Platz für die Dinge in deinem Leben, denen du Raum geben willst für die Phase der Reife. Nimm mehrere Blätter Papier zur Hand und schreib pro Blatt ein Thema auf. Ein Stichwort, Sätze, einen Brief. Wie es sich stimmig anfühlt. Danach verbrenne achtsam diese Themen in einer Feuerschale oder einfach in einer feuerfesten Form. Unterstütze das Loslassen mit einer bewussten Atmung.
- Honoriere das Gute in deinem Leben. Mach eine kleine Feier, für dich, für deine Liebsten. Es braucht dafür keine große Organisation. Mach ein Picknick draußen. Leckere, aber einfache Speisen. Genieße den Höhepunkt der Natur und versuche, so oft es geht, im Hier und Jetzt zu sein.
- Genieße die Fülle, die wir haben. Zelebriere dich und deinen Körper, deinen Geist, deine Seele. Was tut dir gut? Was nährt dich innerlich? Wann fühlst du dich sinnlich? Wann fühlst du dich glücklich?
  - Lies ein Buch, das du schon lange lesen wolltest.
  - Geh ins Museum, ins Theater, in ein Konzert.
  - Hör deiner Lieblingsmusik bewusst zu.
  - Geh Essen mit Freunden.
  - Nimm dir deine Auszeit in der Natur.
  - Dekoriere dein Zuhause um, schmücke es mit Blumen.
  - Genieße deine Sinnlichkeit – allein oder zu zweit.
  - Schau dir den Sonnenaufgang an.
  - Schau dir den Sonnenuntergang an.

Falls du im März das Ritual «Brief an dein zukünftiges Ich» durchgeführt hast, ist nun ein schöner Moment, diesen hervorzuholen. Lies ihn achtsam durch. Was durfte zur Entfaltung kommen? Was braucht noch Zeit? Was hat sich anders entwickelt, als du es dir erhofft hast? Was wiederum durfte schon in Erfüllung gehen? Schreibe dir deine Gedanken dazu auf. Im September zur Herbst-Tag-und-Nacht-Gleiche darfst du den Brief nochmals hervornehmen.

- Du kannst die Wende auch zum Anlass nehmen, um einen wohlwollenden Rückblick auf das erste Halbjahr zu richten. Schließe dazu die Augen und visualisiere dein Jahr von Januar bis jetzt. Welche wichtigen Etappen darfst du anerkennen? Gestalte mit Bildern, Zeichnungen oder Skizzen deinen Rückblick. Du kannst dazu auch Bilder und Überschriften aus Zeitungen und Magazinen nehmen. Schreibe dir deine wichtigsten Etappen auf. Fotos auf dem Handy oder dein Tagebuch können dir dabei behilflich sein. Du kannst diesen Rückblick übrigens auch im Team bei der Arbeit halten oder mit deiner Familie. Honoriert, was ihr erreicht habt. Mach sichtbar, was du – was ihr alles geleistet habt. Sei stolz auf dich, dein Team, deine Familie.

Affirmationen

Ich bin stolz auf mich.

Ich feiere das Leben.

Achtsam begebe ich mich in die Phase der Reifung.

Juli: Spüre den Übergang

Der Juli ist fließend und lädt uns dazu ein, die Leichtigkeit und Muße des Hochsommers zu genießen. Schon bald geht es über in die Zeit der Ernte, doch noch darf alles in Ruhe gedeihen. Lies die folgenden Attribute achtsam durch und lass sie in dir wirken. Sie stehen für die Qualitäten des Juli: *Leichtigkeit, Genuss, Sorglosigkeit, Entspannung, Übergang, Vertrauen, Hingabe.*

Die Qualität der Auszeiten entdecken

VERTRAUENSVOLL ENTSPANNEN

Wie leicht der Juli doch ist! Wie ein schwereloser Schleier gleitet er dahin. Umgibt uns spielerisch mit Freude und Glück. Das Leben scheint einfach zu sein und wird dadurch geschmeidig und fließend. Die Tage sind durchtränkt mit Sonnenstunden. Die Abende beseelt mit anregenden Gesprächen. Die Zeit scheint stillzustehen. Der Tag wird zur Nacht, die Nacht zum Tag. Wir fühlen uns frei. Freier als sonst. Ist es die Sonne, die uns trunken macht? Wie kommt es, dass wir den Juli so anders genießen? Anders als alle anderen Monate? Die Natur befindet sich auf einem Höhepunkt. Einem Zenit. Wo das Flimmern der Luft alles vibrieren lässt und die glühende Hitze zusätzliche Energie entfacht. Wir können aus dem Vollen schöpfen. In jeglicher Hinsicht. Alles steht uns offen. Alles in der Natur. Berge, Seen, Flüsse, Wälder, Wiesen und Täler. Wir können frei wählen, wohin es uns zieht. Denn überall ist der Sommer angekommen. Seine Strahlen finden den Weg auch in die entferntesten Ecken.

Der Juli übermittelt uns mit seiner Energie eine Art Sorglosigkeit und Müßiggang. Die aufstrebende Kraft des Junis ist vorbei. Und doch befinden wir uns noch nicht in der reifen Üppigkeit des Augusts. Der Juli ist deshalb ein Monat zum Ankommen und zum Sein.

Noch vor ein paar Wochen fand die Sommer-Sonnenwende statt. Ein unglaublich kraftvoller Moment im Jahresverlauf. Nun dürfen wir ausatmen, ankommen, sein. Die Tage werden langsam wieder kürzer. Spätestens im August sind wir uns dessen bewusst. Doch mittendrin vermittelt uns der Juli eine Art Vergesslichkeit. Eine wohlwollende Sorglosigkeit. Denn was im August und spätestens im Herbst geerntet werden kann, ist nun am Reifen. Und dieses Reifen nimmt sich die Zeit, die es braucht.

Viel zu oft erwarten wir sogleich Resultate. Alles wird dem Leistungsgedanken unterstellt. Auch in unseren Ferien haben wir die Erwartung, etwas erreichen zu müssen. Wir wollen alles nachholen, was wir vermeintlich verpasst haben.

Doch weder die Sommermonate noch der Juli selbst kann uns all das geben, was wir uns insgeheim vom Leben erwarten. Der Juli hat eine ganz andere Aufgabe. Seine Aufgabe ist es, uns zu öffnen. Nicht wie der April, der alles aufbricht. Der Juli will, dass wir uns fallen lassen. Voller Vertrauen und Hingabe sind. Denn nach den letzten Monaten voller aufstrebender und unbändiger Energie will er uns eine Ruhepause gönnen. Und diese Auszeit ist wichtig, damit wir überhaupt wieder bei uns selbst ankommen.

Der August wird uns noch genügend Sonnenkraft übermitteln, damit all unsere inneren Früchte zur Reifung kommen können. Doch der Juli will einfach, dass wir uns für die Wärme und das Licht der Sonnenkraft öffnen und es zulassen, dass wir auftanken.

Er vermittelt deshalb Vertrauen. Vertrauen darin, dass alles seinen Weg findet. Dass wir uns ab und zu auch getrost zurücklehnen dürfen, um den Dingen ihren Lauf zu lassen. Und somit steht der Juli auch für Genuss. Die Fülle der Natur soll genossen werden. Es ist nicht umsonst auch ein Monat der Feste, der Freude und der Auszeiten. Seine Energie lädt uns dazu ein, die Wonnen des Seins zu genießen. Mit Leichtigkeit. Schwerelosigkeit und frei von Verpflichtungen. Die Natur braucht diese Sonnenenergie, diese spielerische Hingabe. So lass dich fallen. Hab Vertrauen. Vertrauen in das, was kommen darf. Denn dadurch erkennst du, dass auch das Loslassen und das Vertrauen zu einem Reifungsprozess dazugehören.

Der Juli übermittelt uns symbolisch, dass wir nun nicht mehr auf Wachstum aus sein sollten, sondern auf Entspannung und Beruhigung. Er steht deshalb im Zeichen des Ausgleichs und der Wohltat.

Impuls: Lade die Leichtigkeit ein

Rituale tragen immer eine Absicht in sich. Mit Ritualen wollen wir etwas bezwecken, honorieren, feiern, lösen, manifestieren. Der Juli lädt uns jedoch dazu ein, uns hinzugeben. Der Wärme, dem Licht, dem Nichtstun, dem puren Sein. Es gibt deshalb für den Monat Juli bewusst kein Ritual: dafür aber einen Impuls.

- Begib dich auf einen Spaziergang in der Natur. Beobachte sie. Wie fühlt sie sich an? Vor allem der Wald kann im Hochsommer sehr beruhigend und verlangsamend auf uns wirken. Ihm ist die Hitze zu viel, weshalb er sehr achtsam mit seinen Energien umgeht. Tu es ihm gleich. Setz dich zu einem Baum hin. Lehn dich an ihm an. Schließe die Augen. Lass alles komplett los. Fühl dich von ihm getragen. Baue dir während der Juliwochen bewusst Phasen der Ruhe, der Entspannung, aber auch des Genusses ein. Nimm den Druck überall dort raus, wo du kannst. Frage dich innerlich immer wieder:
  - Braucht es die Dringlichkeit wirklich?
  - Kann ein NEIN gleichzeitig ein JA für mich sein?
- Lass die Fülle und die Schönheit der Natur in deinem Arbeitsalltag Einzug halten. Halte eine Sitzung draußen in der Natur. Dekoriere deinen Arbeitsplatz mit einem Wildblumenstrauß. Nimm ein Bündel grüner Laubblätter mit und bilde daraus einen Strauß voller Licht und Vitalität.
- Verbringe einen ganzen Tag in der Natur. Wenn du eine bestimmte Wanderroute im Kopf hast, ist das okay. Doch versuche auch, einmal nicht ein Ziel vor Augen zu haben, lass den Dingen einfach ihren Lauf.
- Verplempere Zeit. Geh großzügig mit deiner Zeit um. Lade die Langsamkeit ein. Beobachte das Summen der Bienen. Tauche in die wunderbare Welt der Blüten, Blumen und Farben der Natur ab. Labe dich an den wunderbaren Gaben der Natur. Nasche an Beeren, reifem Obst und Gemüse.

Affirmationen

Ich genieße die Fülle, die in mir und um mich ist.

Ich bin verbunden mit den Rhythmen der Natur.

August: Fahre deine Ernte ein

Im August findet ein wichtiger Schnitt statt. Die erste Ernte darf empfangen werden. Lies die folgenden Attribute achtsam durch und lass sie in dir wirken. Sie stehen für die Qualitäten des Augusts: *Reife, die erste Ernte, der erste Schnitt, Geduld, Fülle, Dankbarkeit, Wunder, Sinnlichkeit, Honorieren, was ist.*

Das Wunder der Reife nimmt Gestalt an

EMPFANGEN ODER LOSLASSEN

Ab August wird uns bewusst, dass der Sommer endlich ist. Die Tage werden langsam wieder kürzer. Das Licht wechselt zu einem goldenen Leuchten. Leise erscheinen die ersten Herbsttöne. Der Altweibersommer kündigt sich an und mit ihm kommt eine unbändige Fülle an Gaben aus der Natur. Obstbäume sind prall behangen mit reifen Früchten. Kornfelder, Beeren, erste Pilze, Gemüse aus dem Garten, berauschende Blumenfarben – die Aufzählung des vorhandenen Reichtums in der Natur könnte endlos weitergehen. Wir werden reich beschenkt und sind uns dessen gar nicht bewusst.

Der August steht symbolisch für den Beginn der Erntezeit. Er ist der Monat der Reife – und des Reifenlassens. Ein erster Schnitt findet in der Natur statt. Vielleicht lässt sich das besser erklären, wenn wir kurz einen Blick zurückwerfen. Im Juni zur Sommer-Sonnenwende fand der längste Tag des Jahres statt. Die Sonne hat ihren maximalen Punkt erreicht und wendet sich langsam, aber sicher wieder anderen Gefilden zu. Sie zieht sich zurück und ermöglicht somit Raum für die Reife. Der nächste wichtige Schwellenmoment im Jahresverlauf ist die Herbst-Tag-und-Nacht-Gleiche Ende September, drei Monate nach der Sonnenwende. An diesem Tag ist die Kraft der Sonne soweit geschwunden, dass die Nacht genau gleich lang ist wie der Tag. Die Herbst-Tag-und-Nacht-Gleiche läutet den Herbst, die dunklere Jahreszeit ein. Im August befinden wir uns demzufolge genau in der Mitte dieser beiden Jahresmarkierungen. Und genau in diesem Zwischenraum geschieht das jährliche Wunder der großen Reife.

Damit etwas reifen kann, braucht es vor allem Zeit und Geduld. Der Sommer mit seiner Sinnlichkeit schenkt uns diese Zeit. Wir lassen uns eher dazu verführen, den Moment zu genießen, im Hier und Jetzt zu sein, und ermöglichen dadurch genau diesen kostbaren Prozess der Transformation. Gleichzeitig lädt uns der August auf wohlwollende Art und Weise dazu ein zu sehen, was entstehen durfte. Welche Samen ruhten im Winter und kamen durch die aufkommende Wärme der Sonne hervor? Was wurde im Frühling langsam ersichtlich? Was durfte gedeihen, wachsen, hervorkommen? Was wiederum hat sich anders entwickelt als

gedacht? Was gewann den Sommer über an Kraft und kann nun geerntet werden? Wo darf ein Schnitt vollzogen werden? Und wo braucht es noch Zeit, um zu reifen? Mit diesen Gedanken ermöglichen wir uns selbst, unsere eigene, geistige Ernte zu honorieren und anzuerkennen.

Wir tasten uns zusammen mit den Rhythmen der Natur an die große Erntezeit des Septembers und Oktobers heran. Je achtsamer wir uns dieser wichtigen Zeit des Jahres annähern, desto reicher wird auch die Ernte. Und je reicher die Ernte im Herbst, desto wohlwollender und gelassener zeigt sich der Übergang zum Winter.

Doch nicht immer fällt es uns leicht, den Dingen ihren Lauf zu lassen. Zu oft erwarten wir sofort Resultate. Geben unseren Projekten und Ideen nicht die nötige Zeit des Wachstums und der Reife. Doch nicht nur die Ungeduld prägt unser Leben. Manchmal ist es auch das Anhaften. Ein dickköpfiges Anklammern an fixen Ideen und Vorstellungen, wie etwas auszusehen oder zu wirken hat. Auch hier lädt uns der August sanft dazu ein, diesen starren Erwartungen entgegenzuwirken und loszulassen. Zu honorieren, was ist. Anzuerkennen, was stattdessen zur Entfaltung kommen durfte. Wie oft haben wir Begebenheiten des Lebens nicht gewürdigt, weil sie nicht so daherkamen, wie wir es uns vorgestellt hatten? Wie oft missachteten wir wertvolle Früchte der Arbeit, nur weil sie nicht dem Leistungsstandard unserer Gesellschaft und unseren Konditionierungen entsprachen?
Dass wir wirklich ernten können, bedingt hinzuschauen. Achtsam und bewusst zu sehen, was ist. Indem wir das tun, ehren wir die Ernte. Wir honorieren den Prozess der Entfaltung und der Arbeit. Gleichzeitig erkennen wir auch, ob eine Frucht wirklich ihren Stand der Reife erreicht hat oder ob sie vielleicht doch noch weiter reifen darf. Und somit wird uns auch klar, dass bei jeder Ernte auch immer ein Schnitt vollzogen werden muss. Nichts kann geerntet werden, ohne dass nicht auch eine Entscheidung gefällt werden muss. Der August steht also sinnbildlich für den ersten wichtigen Schnitt im Jahresverlauf. Mit ihm beginnt das erste Loslassen. Damit das, was noch weiter reifen darf, auch den nötigen Raum bekommt. Damit es mit Geduld und den besten Wünschen dem Wirken der Zeit übergeben wird. Und damit gleichzeitig auch die Ernte empfangen werden kann – voller Dankbarkeit und Demut.

Im August findet die erste Ernte, der erste Schnitt, das erste Loslassen statt. Mit Geduld und Vertrauen gehen die Rhythmen über in die Phase der letzten Reifung.

Ritual: Vollziehe einen Schnitt

UTENSILIEN

WAS ES BRAUCHT:

- Brennholz
- Bündel an langstieligen Gräsern
- Blumen und Kräuter
- Schnur und Schere

Dieses Ritual steht für den Schnitt, den wir alle immer wieder im Leben vollziehen dürfen oder sollten. Es wird dir helfen, den Mut zu finden, einen Entscheid zu fällen. Altes loszulassen. Raum zu schaffen, für alles, was noch zur Reife kommen darf, und gleichzeitig auch Dankbarkeit zu fühlen.

- Such dir im Vorfeld eine Feuerstelle aus, wo du allein oder in einer Gruppe in Ruhe und ungestört das Ritual durchführen kannst. Bereite zuerst das Feuer vor. Schau, dass es kraftvoll und hell brennt. Nimm dir dabei Zeit und lass gedanklich das vergangene Jahr Revue passieren. Was durfte zur Entfaltung kommen? Wo fand Wachstum statt? Was kam zur Reife? Wo wiederum entwickelte sich etwas anders als erhofft? Bewerte nicht deinen Rückblick, sondern versuch einfach zu sehen, was ist. Vielleicht hilft es dir, die Gedanken zuerst schriftlich festzuhalten, oder mach einen kleinen Spaziergang. Gönn dir die Zeit, die du brauchst.

- Wenn du innerlich sortiert bist, nimm die Gräser in die Hand und teile sie in drei gleichmäßige Bündel. Beginne nun, die drei Teile achtsam und bewusst zu einem Zopf zu flechten. Die Gräser stehen sinnbildlich für deine erste Ernte des Jahres. Sie verkörpern all das, was du ernten darfst. Was du dir erwünscht, erhofft, erarbeitet hast, aber auch, was dir nicht bewusst war oder was anders zur Entfaltung kam als ursprünglich gedacht. Schau dir die Stränge genau an. Achte und honoriere sie, indem du sie zu einem schönen Zopf flechtest. Binde ihn fest, damit er auch in der Form eines Zopfes bleibt. Halt ihn in deiner Hand. Schließ die Augen, verbinde dich mit deiner Ernte.
- Wenn du soweit bist, nimm die Schere zur Hand und geh zum Feuer. Steh aufrecht da. Schneide bewusst und mutig ein Stück des Zopfes ab und übergib es dem Feuer. Schneide Stück für Stück des Zopfes ab, bis du alles dem Feuer übergeben hast. Begleite den Schnitt und die Übergabe an das Feuer mit folgenden bewussten Gedanken:
  - Wo darf in meinem Leben ein Schnitt vollzogen werden?
  - Was darf ich bewusst ernten?
  - Was darf noch weiter reifen?
  - Wofür bin ich dankbar?
  - Was lasse ich los?
- Lass das Ritual in der Stille für dich wirken. Schau dem Feuer zu, wie es prasselt und alles transformiert. Wenn du soweit bist und auch magst, dann feiere danach ein erstes kleines Erntedankfest im Kreis deiner Liebsten. Schön ist es, wenn jeder etwas dazu beiträgt. Genieße das Beisammensein und sei stolz auf deine erste Ernte.

Der Zopf hat in vielerlei Hinsicht eine schöne Symbolik in sich. Die drei Stränge können für die Vergangenheit, die Gegenwart sowie die Zukunft stehen. Durch das Flechten wird uns bewusst, dass alles miteinander verbunden ist und es schlussendlich nur das Jetzt gibt. Das, was jetzt ist. Gleichzeitig kann jeder Strang aber auch für die verschiedenen Arten der Ernte stehen. Die erwünschte, die unverhoffte sowie die, die wir loslassen dürfen. Alles zusammen bildet am Ende das, was Wirklichkeit ist. Das, was wir annehmen dürfen.

Impuls: Feiere den Reichtum in der Natur

- Nimm dir im Verlauf des Augusts Zeit, um die letzten Monate Revue passieren zu lassen. Stelle dabei das Gute in den Mittelpunkt. Lass das Schwere los und achte auf alles, was dich nährt, dich leuchten lässt, dich dankbar werden lässt. Schreib es dir auf! Nimm dieses Gefühl der Dankbarkeit, der Freude in dich auf und zelebriere es auch im Außen. Dekoriere dein Zuhause mit Blumen. Lade Freunde zum Essen ein. Geh aus, lass es dir gut gehen.
- Genieße für dich einen Vollmond im August. Im August hat der Mond eine schöne Präsenz. Erfreue dich an der Fülle in der Natur und nimm diese Fülle in deinem Herzen auf. Werde dir bewusst, wie viel Gutes du in deinem Leben hast. Auch wenn das Leben manchmal schwer und kräftezehrend sein kann, so hat es uns auch Schönheit und Liebe zu bieten.
- Feiere auf deine Art und Weise deine erste »innere Ernte«. Überlege dir, was dir jetzt guttut, auf was du Lust hast, und gönne es dir. Gönne es dir von ganzem Herzen. Feiere dich und dein Leben. Feiere deine Erfolge. Feiere dich. Und zwar so richtig.
- Sei achtsam und erlebe die kommenden Wochen des Augusts mit einem Gefühl von Wunder. Schau gut hin. Wo siehst du überall zauberhafte Anzeichen der Fülle? Sag JA zu dieser Fülle! Sag auch JA zu dir und deiner eigenen wunderbaren Fülle in dir. Lass zu, dass die Fülle im Außen in der Natur auch deine innere Fülle spiegelt. Sie gleichen sich an. Denn je mehr du sie zu dir hereinlässt, desto reicher wirst du in deinem Inneren.

Affirmationen

Ich honoriere, was zur Entfaltung kam.
Voller Dankbarkeit nehme ich meine Ernte an.
Mutig vollziehe ich den nötigen Schnitt.

September: Lebe die Dankbarkeit

Im September kann die große Ernte eingefahren werden. Es darf gefeiert werden, die Dankbarkeit steht dabei im Mittelpunkt. Lies die folgenden Attribute achtsam durch und lass sie in dir wirken. Sie stehen für die Qualitäten des Septembers: *Ernte, Dankbarkeit, Fülle, Verbundenheit, Übergang, Erdung, Melancholie, erster Abschied.*

Die Arbeit des Jahres ist vollbracht

DIE EIGENE GEISTIGE ERNTE HONORIEREN

Was ist es, das den September so magisch wirken lässt? Vielleicht ist es sein Licht. War es in den Sommermonaten manchmal grell, so wirkt es nun golden und warm. Als hätte eine unsichtbare Kraft alles in einen zauberhaften Schleier gehüllt. Wir alle spüren die ersten Vorboten des Herbstes spätestens im September. Die frische und belebende Kühle des Morgens. Feuchte Spinnweben, die im Morgenlicht magisch glitzern. Ein erster Windhauch, der mit den Haaren spielt. Nebelbänke, die sich länger halten, da die Erde immer kühler und stiller wird. Vogelschwärme, die sich langsam auf ihren Weg in den Süden machen. Das Licht verändert die Dinge und gibt ihnen einen goldenen Schimmer, es lässt die Pflanzenwelt in einer fast explosiven Farbensinfonie erscheinen. Karmesinrot, Himbeerrot, Bordeauxrot, Altrosa, Aubergine, Senfgelb, Bernsteingelb, Honiggold, Salbeigrün, Olivengrün, Moosgrün ... Wir könnten stundenlang in den Farbwelten schwelgen und verzückt die verschiedensten Schattierungen bestaunen.

Und dann, als wäre das nicht genug, beschenkt uns der September mit seiner Fülle an Geschenken aus der Natur. Wir können aus dem Vollen schöpfen. Denn die Gaben des Sommers werden ergänzt durch die Köstlichkeiten des Herbstes. Es gibt wohl keine schönere Zeit als den September, um auf einem Markt einzukaufen. Die Fülle ist fast schon überbordend. Es ist deshalb auch nachvollziehbar, dass im September die ersten Erntedankfeste gefeiert wurden. Die Arbeit des Jahres war vollbracht. Die Ernte eingebracht. Es durfte gefeiert werden.

Auch wir dürfen feiern. Auch wenn sich die Arbeit bei den meisten von uns mittlerweile verändert hat und wir keine Jahresernte im ursprünglichen Sinn mehr haben, dürfen wir unsere geistige Ernte ehren und honorieren. Wir waren fleißig. Haben Herausforderungen gemeistert. Tiefschläge erlitten. Haben gekämpft, gehofft, gebangt, gepflegt, gehütet und geliebt. Vielleicht ist der September deshalb so wichtig, weil er uns lehrt, dankbar zu sein. Für alles, was sein durfte. Für alles, was zur Entfaltung kam, aber auch für alles, was wir loslassen dürfen. Es geht im September um eine ganz spezielle Art von Dankbarkeit. Eine Dankbarkeit, die losgelöst von einem Geschehnis im Jetzt ist. Eine Dankbarkeit, die ein Innehalten und einen Rückblick voraussetzt. Ein bewusstes Sich-Auseinandersetzen mit den vergangenen Monaten. Eine Dankbarkeit, die bewusst ist und deshalb auch bewusst macht.

Und doch taucht bei den meisten Menschen eine Art Melancholie auf, sobald der Herbst sich ankündigt. Das ist nachvollziehbar. Denn das Licht schwindet. Die Nächte werden spätestens ab der Herbst-Tag-und-Nacht-Gleiche wieder länger. Und doch lässt uns die Natur nicht im Stich. Im Gegenteil. Sie beschenkt uns gleich mehrfach. Wenn wir ihrer Aufforderung Folge leisten und die Dankbarkeit leben, so nähren wir dadurch unser Innerstes. Wir entdecken einen inneren Reichtum, der uns glücklich macht. Oft verbinden wir Glück mit den großen Ereignissen im Leben. Doch ist Glück schlussendlich nichts anderes als ein leises, stilles Gefühl, das unser Herz zum Fließen bringt. Die unerwartete Umarmung eines Kindes, der nährende Abend mit Freunden, der magische Regenbogen nach einem Gewitter, das Rascheln der Blätter im Wind. Wir sind umgeben von unzähligen Glücksmomenten, und der September fordert uns liebevoll dazu auf,

Herbst-Tag-und-Nacht-Gleiche

Die Herbst-Tag-und-Nacht-Gleiche jeweils am 21./22. September ist ein wunderbarer Moment, um sich innerlich auf den Übergang der Jahreszeiten einzustimmen. Sie stellt einen ganz speziellen Schwellenmoment im Jahresverlauf dar, da Tag und Nacht dann genau gleich lang sind. Auf der Nordhalbkugel beginnt offiziell der Herbst, auf der Südhalbkugel der Frühling. Unsere Vorfahren markierten diesen Tag mit dem Beginn der Erntedankfeste. Auch heute noch erleben wir in vielen Dörfern und Städten diese Feste in Form von Wein-, Zwiebel-, Hopfen- oder Kartoffelfesten.

Übrigens wird der Vollmond, der am nächsten zur Herbst-Tag-und-Nacht-Gleiche scheint, stets Erntemond genannt. Grund dafür war nicht nur, dass der Vollmond in die Erntezeit der Bauern fiel. Der Mond, oder besser sein Licht, spielten oft eine wesentliche Rolle bei den Erntearbeiten, bei denen es manchmal auf jede Stunde ankam: Dank des Lichts des Vollmondes konnten die Bauern nämlich bis in die Nacht hinein arbeiten.

diese zu sehen und anzuerkennen. Das Schöne dabei ist, dass unser innerer Reichtum unendlich ist. Und je mehr wir diesen inneren Reichtum nähren, desto einfacher ist es, uns voller Vertrauen und Hingabe in die dunklere Jahreszeit zu begeben. .

Vielleicht hilft dir dieser Gedanke: Auch die Tierwelt ist fleißig dabei zu sammeln. Die Eichhörnchen horten unzählige Nüsse und Samen, um den Winter gut zu überstehen. Sie nehmen die Ernte ein und nutzen diese, um die dunkle Jahreszeit zu überbrücken. Wir können es ihnen gleichtun. Indem wir unsere Glücksmomente sammeln. Sie voller Dankbarkeit sichtbar machen. Uns an sie erinnern. Sie fühlen. Darin schwelgen. Und vielleicht fällt es uns dann nicht mehr ganz so schwer, den Herbst anzuerkennen. Denn durch ihn sehen wir überhaupt erst unsere Ernte und unsere Dankbarkeit.

Es gibt jedoch noch ein Geheimnis, das der September mit sich bringt. Hast du schon einmal bei einem Spaziergang die Bäume, Büsche und Pflanzen beobachtet? Sie sehen auf den ersten Blick aus, als würden sie sich verabschieden. Ihre Blätter beginnen sich zu verfärben, fallen ab. Ihre Energie zieht sich zurück, zurück in ihr Wurzelreich.

Doch sie halten eine unglaublich hoffnungsvolle Botschaft für uns bereit. Denn alle Knospen sind bereits im Keim da. Parat für den kommenden Frühling. Prall und voller Leben. Und genau diese Gewissheit schenkt uns Vertrauen. Denn wir wissen, wir dürfen uns zurücklehnen. Wir dürfen genießen. Wir dürfen uns getrost in die dunklere Jahreshälfte begeben. Denn der Kreislauf des Lebens geht weiter. Und auch wenn uns nun die dunklere Phase des Jahres bevorsteht, so ist doch das neue Leben schon da.

Alles, was im nächsten Jahr zur Entfaltung kommen darf, ist schon vorhanden. Die Vorboten des Frühlings sind da. Begleiten uns durch wütende Herbststürme und kalte Wintertage. Somit schenkt uns der September nicht nur die nährende Dankbarkeit, sondern auch die unerschütterliche Gewissheit, dass der Frühling immer zurückkommt.

Der September steht für die Ernte und die Dankbarkeit. Die Arbeit des Jahres ist getan, wir dürfen feiern und uns voller Vertrauen in die dunkle Jahreszeit begeben.

Ritual: Feiere ein Erntedankfest

In diesem Ritual feierst du dein eigenes Erntedankfest. Was du dazu brauchst: Einfache Köstlichkeiten des Spätsommers und des Herbstes, Naturgegenstände für die Dekoration des Tisches.

- Lade Freunde, Bekannte und Familie ein. Es sollen Menschen sein, denen du deine Dankbarkeit zeigen willst. Das kann auch nur eine Person sein. Du entscheidest. Teile ihnen im Vorfeld mit, dass du ein Erntedankfest feiern möchtest. Damit der Aufwand für dich nicht zu groß wird, kannst du jeden Gast bitten, eine Kleinigkeit mitzubringen. Dekoriere den Tisch mit Naturgegenständen. Das können Rosskastanien, bunte Herbstblätter oder Herbstblumen sein. Wenn das Wetter mitmacht, ist es umso schöner, das Fest draußen zu feiern. Du bist ganz frei in der Umsetzung deines Erntedankfestes.
- Nimm dir genügend Zeit, um alles in Ruhe vorzubereiten. Es soll nicht den Anspruch haben, perfekt zu sein. Vielmehr soll es voller Liebe sein. Denn die möchtest du ja neben der Dankbarkeit zum Ausdruck bringen. Und wenn plötzlich hohe Erwartungen im Spiel sind, fehlt vor allem etwas: die Liebe und Umsicht dir selbst gegenüber. Also schenk dir einfach so viel Muße und Zeit, wie du nur kannst, und genieße die Vorfreude auf dein Fest. Vielleicht kannst du dich auf die Dankbarkeit einstimmen, indem du innerlich dein Jahr Revue passieren lässt. Was hast du mit deinen Liebsten alles erlebt? Welche Stunden, Momente lassen dich dankbar fühlen? Entdecke auch die Dankbarkeit gegenüber dir selbst.
- Wenn ihr dann alle beisammen seid, nimm ein Glas in die Hand und stoß auf das Leben an. Auf die Freundschaft. Die Dankbarkeit. Erzähl, was dich dankbar fühlen lässt. Trau dich, deinen Liebsten mitzuteilen, wieso gerade sie speziell eingeladen wurden. Was macht sie aus? Wieso sind sie für dich wichtig? Was wolltest du ihnen eigentlich schon lange einmal sagen? Sag es ihnen. Teile ihnen mit, wieso sie dir guttun. Vielleicht inspirierst du dadurch deine Gäste, es dir gleichzutun.
- Genieße diese Stunden der Dankbarkeit. Nimm sie tief in deinem Herzen auf. Es sind diese Stunden, die uns nähren. Die das Leben ausmachen.

Übrigens, Kinder haben große Freude an Ritualen. Sag auch deinen Kindern Danke. Lass sie wiederum erzählen, wofür sie dankbar sind.

WEITERE VARIATIONEN DES ERNTEDANKFESTES

Vielleicht können wichtige Menschen in deinem Leben – aus welchem Grund auch immer – nicht an dem Fest teilnehmen. Dann schreib ihnen einen Brief. Erzähl ihnen, was dich dankbar fühlen lässt. Lass dein Herz für dich sprechen. Vielleicht magst du auch ein schönes Herbstblatt beilegen. Als kleine Inspiration für den Herbst.

Schreib nicht nur deinen Liebsten, sondern auch an dich selbst. Mach sichtbar, wofür du dir selbst gegenüber dankbar bist. Du hast sicherlich einiges gemeistert in diesem Jahr. Honoriere dein Wirken, dein Leben, dein Jahr, indem du dir alles aufschreibst, wofür du dankbar bist. Bewahre den Brief auf und lies ihn immer wieder durch, wenn es dich danach ruft. Manchmal fällt es schwer, uns selbst gegenüber Dankbarkeit zu fühlen. Dann stell dir vor, du selbst bist deine beste Freundin. Was würde sie dir alles aufzählen, wofür du dankbar sein kannst? Welche Entscheidungen, welche Erkenntnisse, welche Kämpfe haben dein Jahr ausgemacht? Was wiederum hat dich genährt? Vielleicht hilft dir diese Perspektive, einen wohlwollenden Blick auf dich zu werfen.

Ritual: Die Symbolik der Herbst-Tag-und-Nacht-Gleiche

Wenn wir unser Jahr Revue passieren lassen, so gibt es meist ein paar einzelne, wichtige Momente, die uns sofort in Erinnerung kommen. Oft sind wir uns dessen nicht bewusst, doch genau diese Momente bringen uns manchmal dazu, im Nachhinein eine andere Entscheidung zu fällen. Einen neuen Weg einzuschlagen oder auch etwas Altes loszulassen.

Unser Lebensweg ist nie losgelöst. Alles ist miteinander verbunden. Je mehr wir die guten, nährenden und starken Momente in unser Bewusstsein lassen, desto wegweisender sind sie für unsere Zukunft. Alles hat eine Wurzel, einen Anfangspunkt, der sich weiter verzweigt und uns wachsen lässt.

In der Natur sehen wir diese Analogie vor allem im September. Eine Frucht hinterlässt immer auch ihre Samen. Genauso wie auch eine Blume nach dem Verblühen bereitsteht mit neuen Samen. Der Kreislauf geht weiter. Alles, was vorher sein durfte, stellt die Basis für das dar, was wiederum sein darf.

Bei uns ist es nicht anders. Jeder Moment, der uns gestärkt, genährt und gelehrt hat, legt den Samen für weiteres Wachstum. Nichts ist je umsonst in unserem Leben. Nichts verblüht umsonst. Nichts vergeht umsonst. Alles geht weiter. Ermöglicht neue Wege. Und so dürfen auch wir dankbar alle Lektionen und Erkenntnisse, alle Glücksmomente und Stunden der Freude annehmen und verinnerlichen. Im Wissen, dass sie immer wieder einen neuen Grundstein legen und somit auch das Fundament stärken, aus dem unser Leben besteht.

UTENSILIEN

WAS ES BRAUCHT:

- Samen
- Nüsse
- Kastanien etc.
- Aufbewahrungsbox
- Briefpapier und Stift

- Sammle im Verlauf des Herbstes Blumen, die verblüht sind und nun mit ihren Samen bereitstehen. Schau dir diese Samen an. Sie sind so weit. Sie wissen zwar, dass nun zuerst eine Zeit der Ruhe und der Stille kommt,

Nun ist ein schöner Moment, um deinen Brief an dein zukünftiges Ich aus dem März-Ritual hervorzuholen. Lies den Brief achtsam durch und ziehe ein wohlwollendes Fazit daraus. Lass das letzte halbe Jahr innerlich nochmals Revue passieren. Erkenne, was alles durch die aufstrebenden Kräfte der Natur zur Entfaltung kommen durfte. Honoriere diese Entfaltung, honoriere dein inneres Wachstum.

doch sie sind bereit für den kommenden Frühling. Sie werden auferstehen, wachsen und erblühen.

- Schreib dir nun auf, wofür du in diesem Jahr dankbar bist. Werde dir während des Schreibens bewusst, dass genau diese Momente deine eigenen geistigen Samen sind. Ehre diesen wertvollen Moment durch Achtsamkeit und Verbundenheit mit dir selbst.
- Wenn du soweit bist, nimm deine Aufbewahrungsbox und lege die gesammelten Samen in die Box samt deinem Brief. Schließ voller Dankbarkeit die Box und bewahre sie an einem sicheren Ort. Dein Brief und die Samen sind die Ernte deines Jahres. Du übergibst sie nun der Dunkelheit, die sinnbildlich für den Herbst und den Winter steht. Sie gehen zur Ruhe und ziehen sich zurück. Doch sie sind da. Auch sie stehen bereit, um zum gegebenen Zeitpunkt aufzuwachen, zu wachsen und zu erblühen. Spätestens zur Frühlings-Tag-und-Nacht-Gleiche wirst du sie hervornehmen und erstaunt sehen, was die geistigen Samen hervorgebracht haben.
- Wenn du das Ritual mit einer Räucherung begleiten willst, dann passen folgende Räucherstoffe dazu: Myrrhe, Rosenblüten, Vanille, Orangenblüten.

Affirmationen

Ich nähre mein Innerstes.

Meine Dankbarkeit ist die Wurzel von allem, was wachsen darf.

Oktober: Das Loslassen beginnt

Im Oktober wird sichtbar, dass die Nächte wieder länger sind als die Tage. Die Natur zieht sich zurück und lässt los. Lies die folgenden Attribute achtsam durch und lass sie in dir wirken. Sie stehen für die Qualitäten des Oktobers: *Loslassen, Abschied, Hingabe, Ruhe, Vertrauen, Erkennen.*

Die Natur lädt ein, langsam Rückzug zu halten

VERTRAUEN IN DAS WERDEN

Der Übergang in die dunkle Jahreszeit hat stattgefunden. Wir befinden uns nun mitten im Herbst. Der Zeit der Ruhe und der Einkehr. Die Natur zieht sich zurück. Das Farbenspiel der Blätter hat begonnen. Das Licht der Sonne entschwindet und lässt wunderbar rostige, braune und gelbe Farbtöne erscheinen. Die warmen Sommertage gehören der Vergangenheit an. Vielleicht wird es ab und zu noch warm, doch die Nebelbänke frühmorgens sowie die kühlen Nächte machen uns klar, dass die helle Jahreszeit vorüber ist. Der Oktober ist deshalb für viele ein Monat der Melancholie. Ein Gemütszustand der Schwere macht sich breit. Die Natur verabschiedet sich. Sie zieht ihre Energien nach innen. Alles deutet darauf hin, dass sie sich von uns trennt. Uns verlässt und sich zurückzieht. Diese Trennung empfinden wir manchmal als Schmerz. Die Aussicht, dass sich schon bald der goldene Herbst in ein trübes Nass verwandelt, ist schwer zu akzeptieren.

Doch je mehr wir uns auf den Rhythmus der Natur einlassen, desto eher können wir es nachvollziehen: Wenn wir mit der Natur verbunden sind, verbinden wir uns automatisch auch mit uns selbst. Und indem wir diese Verbundenheit fühlen und zulassen, erkennen wir, dass sie sich gar nicht von uns trennt, sondern dass sie einfach loslässt. Nicht uns, sondern alles, was ihr nicht dienlich ist. Die Botschaft des Herbstes, vor allem des Oktobers, ist es, langsam in diese Energie einzutauchen. Die Natur lädt uns dazu ein, Einkehr zu halten. Einen Blick nach innen zu werfen. Die ruhigere und dunklere Zeit zu nutzen, um mit sich selbst in Resonanz zu gehen. Und sobald wir das tun, ist es keine Trennung mehr. Dann empfinden wir den Rückzug der Natur nicht als Abschied. Denn auch wir kehren ein. Ziehen uns zurück. Der Rückzug der Natur ist dann auch unser Rückzug. Ihr Loslassen ist auch unser Loslassen.

So übermittelt uns der Oktober eine ganz wichtige und tröstende Botschaft. Die Kreisläufe der Natur haben keinen Anfang und kein Ende. Somit dürfen auch wir anerkennen, dass wir diesem immerwährenden Wandel unterstellt sind.

Die Natur ist in diesem Sinne unser Spiegel mit allen dazugehörenden Lebensprozessen. Diesen Lebensprozessen zu vertrauen, sich auf sie einzulassen, ermöglicht uns, mit unserer eigenen inneren Welt in Berührung zu kommen. Wir erkennen uns somit selbst und haben dadurch die Möglichkeit, uns auf unsere eigene Kraft verlassen zu können. Und doch haben wir Mühe mit dem Loslassen. Obwohl die Natur uns jedes Jahr aufs Neue liebevoll an die Hand nimmt und uns zeigt, wie es geht. Sie lehrt uns, dass das Loslassen zum Leben dazugehört. Dass es sogar ein essenzieller Bestandteil ihres Kreislaufs ist. Sie lehrt uns, dass es ein Prozess ist. Dass wir immer wieder loslassen dürfen – ja sollten. Und dass wir die Möglichkeit haben hinzuschauen, uns wohlwollend all dem zu widmen, was beachtet werden will – und es freigeben können. Wie ein Blatt, das voller Vertrauen und leicht dem Boden zuschwebt und wohlwollend aufgenommen wird. Von der Erde. Dem Fundament.

Loslassen setzt Vertrauen voraus. Vertrauen darin, dass wir schlussendlich nichts verlieren. Dass wir nicht verloren und allein dastehen. Im Gegenteil. Indem wir loslassen, schaffen wir Raum. Alles, was uns lieb und teuer ist, wird immer in uns bleiben. In Form von Erinnerungen, Erkenntnissen, Wachstum und Stärke. Doch alles andere, das uns schwer macht und uns teilweise sogar daran hindert, uns weiter zu entwickeln, sollten wir loslassen.

Das Schöne ist, dass die Natur uns immer wieder aufs Neue beweist, dass wir Vertrauen haben dürfen. Denn wir wissen ja, wir sind Teil der Natur. Auch wir haben unseren Kreislauf. Und dieser Kreislauf besagt, dass immer, wirklich immer, das Licht, die Sonne, die Fülle zurückkehrt.

Und noch etwas teilt uns die Natur mit. Mit jedem Loslassen wird Neues gesät. Eine Blüte muss verblühen, damit sich eine Frucht daraus entwickeln kann. Damit wertvolle Samen der Erde übergeben werden können. Ein Baum muss seine Früchte loslassen. Zum einen, damit er den Winter überstehen kann. Zum anderen, damit das Leben weitergeht.
Sie alle haben Vertrauen. Vertrauen in das Werden. Vertrauen darin, dass die Zeit kommen wird, wo sie wieder erwachen dürfen. Wo sie sich wieder der Sonne entgegenstrecken können. Doch nun ist die Zeit da, loszulassen und sich der Stille und dem Rückzug des Herbstes und des Winters hinzugeben.

Oktober steht für das Loslassen. Was nicht geerntet werden konnte, darf wohlwollend losgelassen werden.

Ritual: Feuer besitzt transformative Kraft

Das Feuer hat eine sehr starke, transformative Kraft. Deshalb spielt das Feuer in diesem Ritual eine wichtige Rolle. Es unterstützt dich im Loslassen und Raumverschaffen.

UTENSILIEN

WAS ES BRAUCHT:

- mehrere Blätter Papier und Stift
- Feuerstelle, Kamin oder Feuerschale
- optional: Räucherutensilien

- Widme dich im Verlauf dieses Monats vermehrt den Themen, die du loslassen möchtest. Nimm die Gedanken über das Loslassen mit auf einem Spaziergang, während einer Meditation oder sprich auch mit dir vertrauten Personen darüber. Überleg dir im Vorfeld, ob du dieses Ritual allein oder im Kreis deiner Liebsten durchführen willst. Ein Ritual gewinnt an Kraft, wenn es im Kreis von Gleichgesinnten durchgeführt wird. Verlass dich da ganz auf dein Gefühl.
- Zuerst nimmst du die Papierblätter zur Hand. Jedes Thema, das du loslassen willst, bekommt ein Blatt Papier. Stell sicher, dass du dafür wirklich Ruhe und Zeit hast. Bevor du beginnst zu schreiben, empfehle ich dir eine

Das Loslassen mit einer Räucherung unterstützen

Wer das Loslassen zusätzlich noch mit einer Räucherung unterstützen will, kann das gern tun. Ich würde die Räucherung am Feuer durchführen, und zwar bevor die Blätter dem Feuer übergeben werden. Am besten wäre es, wenn dich jemand inklusive den Blättern abräuchert. Falls du allein bist, kannst du die Blätter über den Rauch schwenken und dir selbst den Rauch zufächern. Pflanzen, die das Loslassen unterstützen, sind: Angelikawurz, Holunder, Wermut, Beifuß, Weihrauch, Wacholder, Fichtennadeln und -harz, Lavendel, Salbei.

Meditation, Atemübung oder auch einfach, eine Kerze anzuzünden. Markiere damit deinen Raum, den du dir nimmst, und widme dich ganz achtsam deinem Innersten.

- Wenn du soweit bist, schreib dir all das auf, was du loslassen willst. Manchmal reicht schon ein Wort. Manchmal ist es eine Beschreibung und manchmal kann es sogar die Form eines Briefes sein. Je nach Thema kann der Inhalt des Geschriebenen variieren. Bei einem Thema reicht nur ein Schlagwort, bei einem anderen Thema braucht es mehrere Blätter Papier. Verlass dich auf dein Gefühl.
- Das Schreiben ermöglicht dir, dich mit deinem Unterbewusstsein zu verbinden. Das ist wichtig, denn das Ritual soll wirklich tief lösend wirken.
- Wenn du soweit bist und alles aufgeschrieben hast, schließ nochmals die Augen. Lass

es wirken. Du hast einen ersten wichtigen Schritt im Prozess des Loslassens vollzogen.

- Damit der zweite Teil des Rituals auch seine volle Wirkung entfalten kann, braucht es ein großes Feuer. Führe, wenn möglich, das Ritual draußen durch. Du bist so eher verbunden mit der Natur und ihrer Energie. Denn sie unterstützt dich zusätzlich beim Loslassen. Auch ein Kamin zu Hause geht, falls das Wetter nicht mitmacht oder du lieber zu Hause das Ritual durchführen willst. Achte darauf, dass du vorher noch draußen warst und dich gut geerdet hast. Barfuss laufen würde zum Beispiel eine Verbundenheit mit der Natur und der Erde unterstützen.
- Nun eröffne das Feuer. Schau, dass es richtig brennt und die Flammen an Kraft gewinnen. Schau dem Spiel des Feuers eine Weile lang zu. Achte auf deine Atmung, erde dich. Nimm deine Papierblätter zur Hand. Richte dich innerlich auf und übergib ein Blatt nach dem anderen dem Feuer. Tu es achtsam und gib dir so viel Zeit, wie du brauchst. Wenn du willst, kannst du das Loslassen zusätzlich unterstützen, indem du laut aussprichst, was du loslässt. Sprich dabei immer in der aktiven Form: »Ich lasse ... los«. Du kannst deine Handlung auch mit einer bewussten Ausatmung unterstützen.

- Gib dich ganz diesem Prozess hin und nimm auch deinen Körper mit. Vielleicht braucht es ein Schütteln, einen Schrei, was auch immer. Hab den Mut, deinen Gefühlen zu folgen, und lass auf deine individuelle Art und Weise los. Achte auch darauf, dass du nicht gleich alle Blätter gleichzeitig hineinwirfst, nimm sie einzeln zur Hand. Wenn ihr eine Gruppe seid, dann könnt ihr euch auch abwechseln. So hat jeder genügend Zeit, sich wieder zu sammeln und an das nächste Thema heranzugehen.
- Wenn alle Themen dem Feuer übergeben wurden, könnt ihr im Kreis um das Feuer stehen und euch die Hand geben. Diese Geste übermittelt euch allen das Gefühl, dass ihr nie allein im Loslassen seid. Wir alle haben unsere Themen, die wir loslassen dürfen. Das Gefühl von Gemeinschaft und Verbundenheit mit der Natur und lieben Menschen schenkt Kraft.
- Lass das Ritual wirken. Setz dich hin. Trink Wasser oder Tee, es reinigt und kann somit eine zusätzliche Unterstützung sein. Hör nochmals gut in dich hinein. Braucht es noch etwas? Vielleicht Bewegung? Folge auch hier ganz deinem Gefühl. Aktive Bewegung kann Wunder wirken. Es bringt dich auch wieder zurück ins Hier und Jetzt und lässt dich wieder bei dir selbst ankommen. Du kannst danach allein oder in der Gruppe das Feuer genießen oder nach Hause gehen. Achte bei einem Feuer draußen immer darauf, dass es gut gelöscht ist und du die Feuerstelle so verlässt, wie du sie vorgefunden hast.

VARIATIONEN DES RITUALS

Statt dir die Themen aufzuschreiben, kannst du sinnbildlich dafür Gegenstände aus der Natur nehmen: Zapfen, Äste, Blätter etc. Achte darauf, dass sie trocken sind, und nimm bitte nur Gegenstände auf, die sowieso schon am Boden liegen. Geh mit diesen Gegenständen spazieren oder zieh dich ein wenig vom Feuer zurück und übertrag jedem Gegenstand ein Thema. Tue dies achtsam und indem du innerlich aufrecht das Thema dem Gegenstand übergibst. Diese Variante kann übrigens auch gut mit Kindern durchgeführt werden. Auch sie haben manchmal Themen oder Geschehnisse, die sie loslassen dürfen. Mit Naturgegenständen kann man spielerisch das Loslassen umsetzen.

Weitere Rituale zum Thema Loslassen

Manchmal fehlt uns schlicht die Zeit oder auch die Ruhe, um ein längeres Loslassritual durchzuführen. Es ist wichtig, dass wir uns zumindest einmal im Jahr dem Loslassen widmen. Doch es darf auch nichts erzwungen werden. Wenn du das Gefühl hast, du willst etwas loslassen oder dich innerlich von etwas befreien, empfehle ich dir folgende Übungen:

- Schreib das Thema, das du loslassen willst, auf ein Blatt Papier und verbrenne es an einer Kerze.
- Übergib während eines Spaziergangs einen Naturgegenstand, einen Ast, Stein oder einen Zapfen, einem fließenden Gewässer. Achte darauf, dass du dein Thema bewusst dem Gegenstand übergibst. Bedanke dich bei der Natur für ihre Unterstützung und übergib ihn achtsam, aber bestimmt dem Wasser.
- Nutze die tägliche Dusche dazu, dich immer wieder von etwas reinzuwaschen. Morgens, damit du befreit den Tag starten kannst, abends, damit du gereinigt zur Ruhe kommst. Stell dir vor, wie das Wasser alles mitnimmt, was dir nicht dienlich ist. Wasch dich geistig rein.
- Bewegung kann bei gestauten Energien, Schocks oder unliebsamen Begegnungen Wunder wirken. Schüttle alles ab, was an dir »klebt« und was du nicht an dir haben willst. Du kannst dazu auch Musik anmachen und wild tanzen. Leg alle Hemmungen ab und tanz dich frei. Diese Variante funktioniert übrigens gut bei Kindern.
- Eine Räucherung kann wohltuend und befreiend wirken. Nutze dazu die Kräuter, welche ich auf S. 114 erwähnt habe und räuchere dich oder auch gleich deine Wohnung/Haus ab. Öffne danach die Fenster, geh raus und atme bewusst ein und aus.

Affirmationen

Ich lasse los.

Ich habe Vertrauen und lasse los.

Eine Verbundenheit mit der Natur ist eine Verbundenheit mit mir selbst.

November: Stille und Rückzug

Der November ist ein Monat des Rückzugs und der Stille. Alles darf sich setzen, ankommen und zum Ursprung zurückkommen. Lies die folgenden Attribute achtsam durch und lass sie in dir wirken. Sie stehen für die Qualitäten des Novembers: *Ruhe, Einkehr, Stille, Rückzug, Wurzelkraft, Ahnen, Weisheit.*

Bewusst nach innen gehen

SICH AUF DIE EIGENE WURZELKRAFT BESINNEN

Mit dem November kehrt Ruhe ein. Wir sehen und spüren das auf verschiedenen Ebenen. Ein Spaziergang im November hat eine ganz andere Qualität als ein Spaziergang im Mai. Still ist es. Die vorherrschenden Farben haben ihre Leuchtkraft verloren. Feucht ist es und kalt. Der Nebel lässt alles unwirklich und nicht greifbar erscheinen. Für manchen Spaziergang muss man sich innerlich überwinden, viel lieber bleibt man zu Hause bei warmem Kerzenschein und einer Tasse Tee. Indem die Natur sich zurückzieht, dürfen auch wir uns zurückziehen. Doch dies ist in unserer Welt gar nicht so einfach. Die konstante Erreichbarkeit, der Wahnsinn des Einkaufsstresses zur bevorstehenden Adventszeit und der permanente Druck in der Wirtschaftswelt machen es uns schwer, in diese wohltuende Ruhe und Stille zu gehen.

Ist das der Grund, weshalb der November so unbeliebt ist? Denn er stellt sich der nach vorne gerichteten linearen Welt komplett quer. Und gerade deshalb sollten wir ihn schätzen lernen. Denn seine Ruhe kann auch unsere Ruhe werden. Der Rückzug der Natur kann auch unser Rückzug sein. Wir Menschen sind zyklische Wesen. Wir werden rhythmisch begleitet und geführt durch unseren Atem und unser Herz. Aus dieser Sicht betrachtet ist es nachvollziehbar, dass wir nach jeder Expansion, nach jeder getanen Arbeit auch wieder ruhen sollten. Es entbehrt jeglicher Logik, dass wir immer mehr, immer weiter, immer höher hinauswollen. Denn unser Ursprung, unsere eigentliche Quelle des Seins, braucht immer auch den Gegenpol. Nur so können wir ganzheitlich wirken. Indem wir zum Wachstum auch den Rückzug leben. Es ist wichtig zu verstehen, dass Wachstum an und für sich etwas Gutes ist. Wir sehen Wachstum überall in der Natur. Alles in der Natur strebt danach zu wachsen, sich zu entwickeln und entfalten – doch sie tut dies, indem sie sich immer auch Ruhe und Rückzug gönnt. Beide Energien halten sich in der Natur die Waage. Können wir das auch von uns sagen?

Der November ermahnt uns sehr wohlwollend, den getakteten Rhythmus der Gesellschaft dem der Natur anzupassen. Wir besinnen uns dadurch auf den eigenen inneren Rhythmus. Wir erkennen seine wohltuende Stille, seine Ruhe, seine Erholungskraft. Sein Nebel wirkt plötzlich wie eine Decke, die jeden beschützend umhüllt, der sich zurückziehen will. Doch der November ermöglicht uns nicht nur Ruhe

und Einkehr. Er trägt noch eine andere, tiefere Symbolik in sich. Praktisch alles in der Natur hat sich zurückgezogen. Die Erde ruht. Sie besinnt sich auf ihre Wurzelkraft und rüstet sich für das neue Leben. Für den kommenden Frühling. Der vermeintliche Tod der Natur ist gleichzeitig seine Wiedergeburt.

Der Jahreskreislauf geht immer weiter. Für einen Neuanfang braucht es auch immer ein Ende. Der November steht für dieses Ende – welches dann doch nie das Ende ist. Denn alles bewegt sich im Kreis und entwickelt sich weiter. Wie eine Spirale, die alles mitnimmt, was aus dem letzten Kreislauf an Erkenntnissen und Erfahrungen gewonnen werden konnte. Wenn wir also wirklich wachsen wollen, wenn wir unser Innerstes mit Weisheit und Bewusstsein nähren wollen, müssen wir zuerst in die

Schattenwelt abtauchen. In unser Wurzelwerk, unsere eigene Dunkelheit. So wie alle Pflanzen ihre Energien nach innen ziehen und in der Erde ruhen. So dürfen auch wir symbolisch unsere Energien nach innen richten. Denn nur dort entdecken wir unsere Wahrheit, unsere eigenen Erkenntnisse, und können diese dann wiederum mit dem neuen Kreislauf mitnehmen und zur Entfaltung bringen.

Die Natur befindet sich symbolisch in ihrer Phase der Weisheit. Nicht das Licht wird mit der Weisheit verbunden, sondern die Dunkelheit. In der Dunkelheit, wenn alles still ist, wenn alles zur Ruhe kommen darf, empfangen wir die wichtigen Botschaften. Vielleicht ist es nun nachvollziehbar, warum diese Zeit für uns alle so wertvoll, so kostbar, so unglaublich schön sein kann. Denn die Dunkelheit des Novembers hat durch dieses Wissen seinen Schrecken verloren. Wir dürfen ihn offenen Herzens willkommen heißen. Wissend, dass er uns gleichzeitig das schönste Licht ermöglicht. Denn die Dunkelheit des Novembers ermöglicht uns den Zugang zu uns selbst.

Und noch eine wunderbare Symbolik hält der November für uns bereit. Er lädt uns dazu ein, mit unseren Ahnen Kontakt aufzunehmen. Denn unsere Ahnen sind nichts anderes als unsere Wurzeln. Sie sind unsere tief verborgene Kraft, der wir uns vielleicht nicht immer bewusst sind, doch der wir gerade im November gedenken und ehren können. Früher gab es keine Trennung zwischen der Welt der Lebenden und der Welt der Toten. Die Menschen fühlten sich begleitet von ihren Ahnen. Sie standen wohlwollend und beratend zur Seite. Sie wurden verehrt, zu Rate gezogen und in wichtige Entscheidungen der Sippe mit einbezogen. Es ist nun vielleicht auch nachvollziehbar, weshalb der Monat November auch heute noch für die Ahnen steht. Denn der Fokus richtete sich ab dem November nach innen. Die Jahresarbeit war getan, sie konnten noch mehr als sonst mit ihren Ahnen Kontakt aufnehmen. Auch widmeten sie sich vermehrt der eigenen Seelenwelt und baten ihre Ahnen um Unterstützung.

Nimm nun diese wunderbare Symbolik in dich auf und begib dich achtsam und voller Vertrauen in den November. Tauche ab – wissend, dass die Dunkelheit der Natur für Ruhe, Schutz, Erholung, wohltuende Stille und Kraft steht.

Der November steht für die Stille und die Einkehr. Du darfst dich zurückziehen und zur Ruhe kommen.

Ritual: Verbinde dich mit den Ahnen

UTENSILIEN

WAS ES BRAUCHT:

- mehrere Teelichter inklusive Rechaudkerze
- genügend Platz, um die Teelichter in einer Reihe auf den Boden zu stellen
- Zusätzlich evtl. Räucherutensilien

Eine Verbindung zu den eigenen Ahnen kann auch dann stattfinden, wenn wir sie nicht persönlich gekannt haben. Denn sie sind auf ihre Art und Weise immer bei uns und begleiten uns wohlwollend und voller Liebe. Dieses Ritual hilft dir dabei, ihre Kraft und auch ihre Unterstützung immer wieder zu spüren und empfangen zu können.

- Such dir im Verlauf des Novembers einen Tag aus, an dem du dieses Ritual in Ruhe und Stille durchführen kannst. Passend wäre es abends, zur Dämmerung oder in der Dunkelheit. Die Energie der Dämmerung und der Nacht ergänzen sich gut mit der Symbolik des Rituals. Wir wollen in unser Wurzelwerk abtauchen, zu unserem Fundament.
- Begib dich nun in deine eigene Stille. Meditiere, führe Atemübungen aus oder geh spazieren. Verbinde dich mit der Natur. Wenn du innerlich soweit bist, stelle ein Teelicht nach dem anderen der Reihe nach auf. Jedes Teelicht steht für einen deiner Ahnen. Beginne bei deinen Eltern, geh über zu deinen Großeltern, Urgroßeltern und so weiter. Es sollten mindestens zehn Teelichter sein, die du nun in einer Reihe aufgestellt hast. Nun zünde ein Teelicht nach dem anderen an. Tue dies achtsam und lade durch jedes Anzünden der Kerzen die Präsenz deiner Ahnen ein. Nimm dir Zeit dafür. Betrachte die lange Linie an Ahnen, an Licht, an Wurzelkraft, die nun vor dir steht und für dich leuchtet. Begib dich achtsam an die Spitze dieser Ahnenkette, gleich vor deinen Eltern.
- Stell dich aufrecht hin, so dass sie deinen Rücken stärken und schließ deine Augen. Spür in diese Kraft hinein. Kannst du ihre Liebe und ihre Weisheit spüren? Versuche, nicht mit dem Kopf zu denken, sondern öffne dein

Herz. Öffne dich für diese wunderbare Energie, die dich beschützt und dir Halt gibt. Bleib so lange stehen, wie du willst. Atme bewusst ein und aus. Wenn du soweit bist, kehrst du dich ihnen zu. Ehre ihr Leben, ihre Arbeit, ihr Wirken. Bedanke dich bei ihnen und lade sie ein, dich und deine Liebsten beschützend zu begleiten. Lösch danach achtsam und in Stille die Teelichter. Setz dich hin und lass das Erlebte in dir wirken.

Wer dieses Ritual zusätzlich mit einer Räucherung unterstützen will, kann das gern tun. Am besten vor dem Ritual, und zwar, bevor die Teelichter angezündet werden. So kannst du mit der Kraft der Pflanzen zusätzlich einen wunderbaren Raum entstehen lassen, für dich und deine Ahnen. Pflanzen, die die Verbindung zu den Ahnen unterstützen, sind: Wacholdernadeln und -beeren, Beifuß, Angelikawurz, Holunder.

Impuls: Inseln der Ruhe

Auch wenn der November ganz klar für die Stille und den Rückzug steht, so bestehen auch Verpflichtungen in unserem Leben, denen wir uns nicht entziehen können. Vielleicht helfen dir jedoch diese Impulse, zumindest ein wenig Ruhe im November zu finden.

- Versuche im Verlauf des Novembers immer wieder, früher zu Bett zu gehen. Schlaf ist eine wundervolle Art, sich Ruhe und Erholung zu gönnen. Geh mit dem Rhythmus der Natur mit und gönn dir mehr Schlaf als sonst.
- Geh allein spazieren. Beobachte die Pflanzen und Bäume, wie sie sich zurückgezogen haben, und setz dich zu ihnen hin. Schließ deine Augen und nimm ihre Ruhe wahr.
- Wenn dich der Stress des Alltags einzuholen droht, dann atme mehrmals bewusst ein paar Mal ein und aus. Schließ deine Augen und visualisiere ein Herbstblatt im Wind. Beobachte, wie es sachte, fast schon tanzend leicht sich dem Boden zuwendet. Ohne Eile, ohne Druck. Versuch, dieses Bild in dir aufzunehmen und hol es immer wieder hervor, wenn es dir guttut.
- Baue dir kleine Inseln der Ruhe und Entspannung in deinen Alltag ein. Das kann das simple Anzünden einer Kerze sein. Das achtsame Hinausschauen aus dem Fenster, ein wärmendes Bad.
- Erstelle einen kleinen Altar mit Gegenständen aus der Natur. Ein schönes Herbstblatt, Kastanien, Hagebutten oder Sanddorn zusammen mit Steinen und einer Kerze. Vielleicht magst du sogar ein Bild deiner Ahnen hinstellen. Es soll dich daran erinnern, innezuhalten und kurz zur Ruhe zu kommen.

Affirmationen

Vertrauensvoll begebe ich mich in den Schoß der Dunkelheit.
Ich ziehe mich zurück. Ich begebe mich zur Ruhe.
In der Stille wird die Seele sichtbar.

Dezember: Das Licht kehrt zurück

Im Dezember findet die Winter-Sonnenwende statt. Das Licht kehrt zurück und übermittelt uns dadurch Hoffnung und Zuversicht. Lies die folgenden Attribute achtsam durch und lass sie in dir wirken. Sie stehen für die Qualitäten des Dezembers: *Stille, Hoffnung, Licht, Neubeginn, Frieden, Intuition, Wunder.*

Ein lichtvoller Wendepunkt

WO GLAUBE UND HOFFNUNG IHREN URSPRUNG HABEN

Still ist es draußen. Still, ruhig und dunkel. Die Natur ist in ihrem tiefen Winterschlaf versunken. Und doch liegt eine Art Zauber in der Luft. Denn begeben wir uns im Dezember in den Wald, trägt er eine andächtige, fast schon feierliche Stimmung in sich. Es scheint, als wüssten alle Bewohner des Waldes, dass schon bald das Licht der Sonne zurückkehren wird. Denn im Dezember findet die Winter-Sonnenwende statt. Ein wunderbarer Moment im Jahresverlauf. Der kürzeste Tag und die längste Nacht finden ihren Abschluss. Von diesem Moment an werden die Tage endlich wieder länger. Die Sonne kehrt zurück in unsere Gefilde und somit auch ihr Licht, ihre Wärme, ihre Kraft.
Heutzutage hat die Bedeutung der Wende ihre wunderbare Botschaft teilweise eingebüßt. Versuch dir einmal vorzustellen, wie deine Vorfahren die Wende empfunden haben. Der Winter war oft mit den schlimmsten Gefahren verbunden. Krankheit, Hunger, Kälte und Stürme gehörten zu ihrem Leben dazu. War die Ernte im Jahr nicht gut ausgefallen, so mussten sie sich ihre Vorräte gut einteilen und hoffen, dass der Winter nicht zu hart würde und zu lange dauern würde. Die Sonnenwende war deshalb ein wichtiger Etappensieg für sie. Das dunkle Tal des Winters war zur Hälfte durchschritten. Der schlimmste Teil lag hinter ihnen. Nun ging es wieder aufwärts. Die wenigsten von uns sind heutzutage so einem Schicksal ausgeliefert. Und doch kennen auch wir das Tal der Dunkelheit. In Form von Krankheiten, Ängsten und Schicksalsschlägen der anderen Art. Und auch wir brauchen die Hoffnung, die Zuversicht und den Glauben daran, dass nach jedem dunklen Abschnitt das Licht zu uns zurückkehrt.

Der Dezember ist in seiner Botschaft deshalb unglaublich schön. Schauen wir uns die Symbolik der Sonnenwenden an: Zur Winter-Sonnenwende, in der dunkelsten Nacht, wird das Licht neu geboren. Und zur Sommer-Sonnenwende, am längsten Tag, steigt die Dunkelheit wieder empor. Beide Wenden bringen unsere Welt ins Gleichgewicht. Beide Wenden sind nötig, um auch das entsprechende Gegenstück erkennen zu können. Erst durch den Winter, erst durch das Fühlen eines finsteren Dezembertags, verstehen wir, wie wichtig, wie hoffnungsvoll und wie stark ein kleines Zeichen von Licht sein kann. Hoffnung ist nie vage.

Hoffnung ist der feste Glaube daran, dass egal wie die Umstände gerade sind, alles gut werden kann. Und so beweist uns der Dezember, dass immer wieder, jedes Jahr, seit Abertausenden von Jahren, das Licht zurückkehrt. Und indem das Licht zurückkehrt, indem das dunkle Tal durchschritten wurde, entstehen Glaube und Hoffnung bei uns Menschen. Es ist deshalb nicht verwunderlich, dass viele Religionen und Kulturen weltweit den Zeitpunkt der Winter-Sonnenwende zum Anlass genommen haben, um ihre heiligen Feste zu feiern.

So steht der Dezember nicht nur sinnbildlich für das Licht, die Hoffnung und die Zuversicht.

Er symbolisiert auch den Zauber des Neubeginns. Haben wir nicht alle schon einmal die Situation erlebt, in der wir nach einer schwierigen Zeit endlich das Licht am Ende des Tunnels erblickten? Was fühlten wir in diesem Moment? War es nicht Dankbarkeit, Freude, Glück, Erleichterung? Und war da nicht auch immer dieses innere Gefühl von Gelöstheit? Eine Art innerer Frieden? Denn auch wenn der Weg noch vor uns lag, so wussten wir zumindest wieder, wo es langging. Wir erkannten das Licht, das Ziel, die Bestimmung.

Jedes Licht, jedes Lebewesen, jede Pflanze wird aus der Dunkelheit geboren. Wir Menschen verweilen beschützt und im Dunklen im Schoß unserer Mütter. Bis der Zeitpunkt gekommen ist hervorzukommen. Genauso ist es mit allen Samen, Nüssen, Kernen, Keimlingen. Tief verborgen befinden sie sich genährt durch Mutter Erde, bis auch ihr Weckruf erscheint und sie sich auf den Weg ans Licht machen. Jeder Neuanfang geschieht im Dunklen. Und deshalb ist die Dunkelheit nie nur schlecht, denn genau dort entzündet sich der Funke des Lebens.

Die Eiche gibt sich voller Vertrauen dem vermeintlichen Tod hin. Sie weiß, dass alles Leben rhythmisch ist. Wo etwas endet, darf immer auch etwas Neues beginnen.

Ritual: Feiere die Winter-Sonnenwende

In diesem Ritual geht es darum, dass du dich mit der wunderbaren Qualität der Winter-Sonnenwende verbindest und das wiederkehrende Licht begrüßt.

UTENSILIEN

WAS ES BRAUCHT:

- Kräuterbündel von deinem Ritual der Sommer-Sonnenwende
- gerne auch eine Kerze, Holz, Anzündholz, Feuerzeug
- auf Wunsch Leckereien und warme Getränke

- Plane einen Abend ein, an dem du einen Spaziergang machst. Wähl einen Weg, auf dem du dich sicher fühlst, aber auch die Dunkelheit, das Gefühl der Nacht, in dich aufnehmen kannst. Achte auf die Geräusche der Natur. Lass dich treiben und genieße diesen ruhigen und besinnlichen Moment.
- Falls du mit einer Gruppe unterwegs bist, dann versuche, für eine Weile kein Gespräch zu führen, so dass ihr wirklich in die Stille eintauchen könnt.
- Mach es dir an einem Ort gemütlich. Vielleicht hast du Tee dabei oder Glühwein, ein paar Leckereien. Zünde ein Feuer an einer öffentlichen Feuerstelle an. Du kannst das Ritual auch bei dir zu Hause durchführen mit einer Feuerschale. Auch ein Kamin kann dafür eingesetzt werden. Es hat jedoch eine ganz andere Kraft, wenn du das Ritual draußen in der Natur durchführen kannst. Hör in dich hinein und führe es so durch, wie es deinen Lebensumständen gerecht wird und dir passt.
- Setze dich nun hin und frage dich:
  - Wo herrscht noch Dunkelheit?
  - Wo soll mir das Licht den Weg zeigen?
  - Was möchte ich in mir zum Leuchten bringen?
  - Welches Licht möchte ich entfachen?
  - Was darf hervorkommen und scheinen?
- Falls du das Ritual mit Kindern durchführst und dir dazu die Achtsamkeit fehlt, dann nimm dir schon im Vorfeld Zeit für diese Fragen und schreib dir deine Gedanken dazu auf.

- Wenn du und die anderen genug Zeit hatten, stellt ihr euch im Kreis um das Feuer auf. Einer nach dem anderen zündet sein Kräuterbündel an. Manchmal dauert es eine Weile, bis die Kräuter Feuer gefangen haben. Schau dir dein Kräuterbündel an. Die Sonnenkraft des vergangenen Sommers ist in den Pflanzen. Sie begrüßen nun zusammen mit dem Feuer der Winter-Sonnenwende das wiederkehrende Licht. Eine geballte Ladung an Licht, Kraft und Zuversicht hältst du in der Hand.
- Falls du kein Kräuterbündel hast, kannst du symbolisch dafür einen Zweig oder Ast nehmen.
- Das Anzünden des Kräuterbündels oder des Zweigs stellt symbolisch das wiederkehrende Licht dar. Denn oft wissen wir gerade in der Dunkelheit nicht, wo unser Weg ist, wie wir uns ohne Klarheit und Sicht auf den Weg machen sollen. Sie übermitteln dir die Botschaft, dass auch in der vermeintlichen Dunkelheit immer Licht herrscht. Und dass in der Dunkelheit jedes Licht geboren wird.
- Übergib danach, wenn du soweit bist, das Kräuterbündel oder deinen Zweig/Ast dem Feuer.
- Du kannst auch zusätzlich eine Kerze ins Ritual integrieren. Betrachte die Kerze. Betrachte die Dunkelheit um dich herum. Tauch ein in diese Dunkelheit. Tauch in die Symbolik der Winter-Sonnenwende ein. Nimm sie tief in dich auf. Und wenn du soweit bist, zünde die Kerze an. Betrachte ihr stilles, kleines Licht, das eine so nährende, wohltuende und beruhigende Kraft in sich hat. Lass die Kerze ein wenig brennen. Lösch sie und nimm sie dann mit nach Hause. Sie wird dich die nächsten drei Monate begleiten, bis zur Frühlings-Tag-und-Nacht-Gleiche. Jedes Mal, wenn du Zuversicht und Hoffnung brauchst, kannst du die Kerze anzünden und dich mit diesem magischen Moment verbinden.

- Lass diesen achtsamen und zauberhaften Moment wirken. Feiere danach ein kleines Fest und begrüß die länger werdenden Tage. Begib dich aber auch in die Stille, wenn dir danach ist.

Ritual: Lebe die Zuversicht

In diesem kleinen Ritual geht es darum, die innere Zuversicht für sich zu gewinnen. Denn auch wenn wir gewisse Umstände in unserem Leben nicht ändern können, so können wir unsere eigene innere Ausrichtung bestimmen. Und das geht nur, wenn wir an uns, an unsere Kraft und an das Gute im Leben glauben.

- Setz dich im Verlauf des Dezembers mit der Dunkelheit auseinander. Geh am späteren Nachmittag oder auch abends spazieren. Lass

dich von der Dunkelheit umhüllen und beobachte, wie die Tage sowie die Nächte sich abwechseln. Schreib dir deine Gedanken dazu auf. Was bedeutet für dich die Dunkelheit? Ist sie negativ behaftet oder kannst du ihr auch positive Aspekte zusprechen?

- Zur Winter-Sonnenwende hin feiere diesen wunderbaren Schwellenmoment. Das Licht kehrt zurück. Zünde dafür symbolisch eine Kerze an. Sie steht für die Zuversicht, für das Licht – für deine eigene innere Ausrichtung zum Licht hin.
- Beobachte nun auch die kommenden Wochen bis Ende Januar, wie das Licht alles langsam, aber sicher zu ändern vermag. Wie fühlt sich nun ein Abendspaziergang an? Welche Qualitäten kannst du in der Natur erspüren, jetzt, wo es langsam heller wird? Schreib auch hier deine Gedanken auf.
- Sei dir bewusst, dass alles immer im Wandel ist. Und nimm die Botschaft in dir auf, dass auch du diesem Wandel unterstellt bist. Es liegt an dir, wie du dieses Wechselspiel des Lebens für dich nutzt und daraus Vertrauen schöpfst.
- Die Natur ist da, als deine stete und vertrauensvolle Begleiterin. Hör ihr zu. Lerne aus ihr. Nimm die aufgeführten Affirmationen als Unterstützung wahr. Sie begleiten dich auf deinem Weg der Zuversicht.

Affirmationen

Vertrauensvoll gebe ich mich dem Rhythmus des Lebens hin.

Auch wenn die Dunkelheit um mich greift, weiß ich,
dass das Licht auch immer in mir ist.

Veränderungen geschehen still und leise.

Die Natur ist mein Spiegel.
Ihre Zuversicht ist meine Zuversicht.
Ihr wiederkehrendes Licht ist auch mein wiederkehrendes Licht.

Die Zuversicht ist mein Anker.
Die Natur ist meine weise Begleiterin.

Zu guter Letzt

Dank und Nachwort

Von Herzen bedanke ich mich bei Priska Hofmann für den Impuls vor mehreren Jahren, am Waldheilkundekurs teilzunehmen. Silke Stösser, die den Kurs mit soviel Achtsamkeit und Liebe durchgeführt hat, und in mir den Samen legte für dieses Buch. Anita Röesch, Fatima Tschenett, Lucia Arnold, Olivia Fischer, Susan Schilt, Sandra Marusic und Sandra Stöckli für die zutiefst wirkende und verbundene Freundschaft. Fatima Tschenett im Speziellen für den wertvollen Austausch beim Schreiben. Lucia Arnold im Speziellen für das November-Ritual. Claudia Züllig-Landolt und das ganze Hotel Schweizerhof Team Lenzerheide für den Rückzug und die Gastfreundschaft während meinem Schreibprozess. Stefan Raps, Annette Meyer für die phantastische Zusammenarbeit und das Feingefühl für mein Wirken. Meine Eltern, Carlota Maria und Antonio Julio, für die unerschütterliche Liebe und den Glauben an mich. Und zuletzt Loïc, dass ich deine Mama sein darf, berührt mich zutiefst. Danke für alles, was ich durch dich lernen darf.

Der Jahreskreislauf der Natur findet seinen Abschluss und beginnt wieder neu. Ich hoffe, es ist mir gelungen, dir aufzuzeigen, wie kraftvoll und wohlwollend die Rhythmen der Natur für uns sein können. Ich hoffe auch, dass du nun die Verbundenheit mit der Natur spürst und lebst. Eine Verbundenheit mit der Natur ist eine Verbundenheit mit sich selbst. Dafür muss man nicht auf der Alp oder in einer Waldhütte wohnen. Denn die Verbundenheit geschieht immer im Herzen. Und die kannst du auch in der Stadt, in der U-Bahn, während der Arbeit – egal wo – fühlen.
Mir bleibt nun nichts anderes übrig, als mich bei dir zu bedanken. Dafür, dass du dieses Buch gelesen hast. Und dafür, dass du dich auf die Reise mit mir durch das Jahr begeben hast.

Herzlichst Susana

Zum Weiterlesen

Brunner, Adelheid: Pflanzen-Schamanismus – sich mit der Natur verbinden. Nymphenburger 2022

Fischer-Rizzi, Susanne: Das Geheimnis deines Ortes. Kosmos 2020

Fischer-Rizzi, Susanne: Mit der Wildnis verbunden. Kosmos 2016

Fuchs, Christine: Räuchern im Rhythmus des Jahreskreises. Nymphenburger 2022

Fuchs, Christine: Räuchern in Winterzeit und Raunächten. Nymphenburger 2020

Fuchs, Christine: Räuchern mit heimischen Pflanzen. Nymphenburger 2021

Kottmann, Sina Lucia: Die Kraft der Elemente. Nymphenburger 2021

Krämer, Susanne: Schamanische Naturrituale. Nymphenburger 2019

Stoehr, Guntram: Bäume an Orten der Kraft. Nymphenburger 2022

Stoehr, Guntram: Die Natur als Kraftort. Nymphenburger 2020

Storl, Wolf Dieter: Die Seele der Pflanzen. Nymphenburger 2018

Storl, Wolf Dieter: Ich bin ein Teil des Waldes. Nymphenburger 2021

Storl, Wolf Dieter: Mit Pflanzen verbunden. Nymphenburger 2018

Veit, Myriam: Die Heilkraft der Raunächte. Nymphenburger 2021

Register

Autorin und Fotografin

Susana Garcia Ferreira Früher war ich in anspruchsvollen Führungspositionen und als Coach tätig. Eine Sinnkrise vor mehreren Jahren führte mich dazu, mein Leben komplett umzustellen. Heute bin ich als Autorin und Beraterin tätig und übermittle die weisen Botschaften der Natur.
Ich begleite Einzelpersonen sowie Kleinstunternehmen, ihren eigenen, wohltuenden Rhythmus zu finden und die Kräfte der Natur in ihren Alltag sanft und doch kraftvoll zu integrieren.
Zudem findest du in meinem Shop ausgewählte Produkte. Den Großteil habe ich selbst oder in Zusammenarbeit mit ausgewählten Partnern, wie zum Beispiel Fidea Design, entwickelt. Mit meinem Sohn lebe ich seit mehreren Jahren in der Innerschweiz.
Ich genieße dort die wunderbare Natur, die Berge, den See und die weltoffene Stadt Luzern. Mein Herzens-Kraftort ist die Bretagne. Dort tanke ich auf und finde Inspiration für mich und meine Arbeit.

Sandra Marusic beherrscht die Kunst der Film- und Digitalfotografie seit vielen Jahren und hat sich international einen Namen gemacht. Sie lebt in Zürich und Dubai und ist vor allem auf Hochzeitsfotografie spezialisiert. Mein erstes Shooting mit ihr hatte ich vor mehreren Jahren und seitdem begleitet sie mich nicht nur als wunderbare Fotografin, sondern auch als inspirierende und wertvolle Freundin.
Sie schafft es, Momente der puren Magie aufzufangen, und teilt mit mir die Liebe zur Natur und ihrer umfassenden Schönheit. Alle Bilder in diesem Buch sind aus ihrer Hand entstanden.

BILDNACHWEIS
80 Farbfotos wurden von Sandra Marusic für dieses Buch aufgenommen.
Mit 15 Illustrationen von Emilie Vermeulen, graphisch umgesetzt durch Nina Goldiger.

IMPRESSUM
Umschlaggestaltung von Gramisci Editorial Design, München/Claudia Geffert
unter Verwendung eines Farbfotos von Sandra Marusic

MIX
Papier aus verantwortungsvollen Quellen
FSC® C110508

Gedruckt auf chlorfrei gebleichtem Papier

ISBN 978-3-96860-025-3
Projektleitung: Dr. Stefan Raps
Redaktion: Annette Meyer
Bildredaktion Annette Meyer
Gestaltungskonzept: Gramisci Editorial Design, München/Claudia Geffert
Gestaltung und Satz: Grafikdesign Storch/Ulrike Vohla, Rosenheim
Produktion: Angela List
Druck und Bindung: Westermann Druck Zwickau GmbH, Zwickau
Printed in Germany / Imprimé en Allemagne

▲ Spaziergänge in der Natur helfen dir, deiner Innenwelt Raum zu geben.